Johnny Fincham

Handbuch Handlesen

Johnny Fincham

Handbuch Handlesen

Was die Hände über uns verraten

• Charakter, Talente, Potenziale •

Aus dem Englischen von Svenja Tengs

Anaconda

First published in the UK and USA in 2023 by Watkins,
an imprint of Watkins Media Limited
watkinspublishing.com

Penguin Random House Verlagsgruppe FSC® N001967

Die Deutsche Nationalbibliothek verzeichnet diese Publikation in der Deutschen Nationalbibliografie; detaillierte bibliografische Daten sind im Internet unter http://dnb.d-nb.de abrufbar.

Umschlagmotiv: Adobe Stock / Handdraw; shutterstock / woodpencil
Umschlaggestaltung: www.katjaholst.de
Satz: Achim Münster, Overath
Druck und Bindung: GGP Media GmbH, Pößneck
Printed in Germany
ISBN 978-3-7306-1354-2
www.anacondaverlag.de

INHALT

EINLEITUNG

Traditionell war Handlesen eine Form von Wahrsagerei, die sich ausschließlich auf die Handlinien bezog. Ausgehend von diesen Linien wurden fatalistische Vorhersagen über die Liebe, das Leben, den Tod sowie Glück oder Unglück getroffen, weshalb die Handlesekunst bis heute viel Angst, Aberglaube und Skepsis hervorruft. Speziellen Mustern wie dem »Stern des Glücks« oder dem »heiligen Dreieck« wurde dabei große Bedeutung beigemessen.

Heute hat die Wissenschaft die allgemeineren Aspekte des Handlesens, wie etwa die relative Länge der Finger, die Muster der Fingerabdrücke, die Form der Handfläche und die Hautbeschaffenheit, als starke Indikatoren für Persönlichkeitsmerkmale nachgewiesen. Frühe Größen der Psychologie wie Julius Spier, Carl Gustav Jung und Charlotte Wolfe stellten konkrete Zusammenhänge zwischen den Merkmalen des Handtellers, der Intelligenz und der Persönlichkeit her, womit sich die Kunst des Handlesens von der Mystik wegbewegte und Einzug in den Bereich der Wissenschaft hielt. Vor Kurzem fanden anthropologische Forschende bei Experimenten heraus, dass die Größe bestimmter Finger auf spezielle Persönlichkeitsmerkmale hindeutet. Beim Handlesen beschränkt man sich also nicht mehr nur auf das Betrachten der Handlinien.

Die Handlesekunst war noch nie so wirkungsvoll, fortschrittlich und lebendig wie heute. In der medizinischen Forschung, Psychologie, Anthropologie und Genetik zeigt sich, dass die Handinnenfläche auf unglaubliche Weise die inneren Vorgänge der Psyche widerspiegelt. Das den Händen zugeordnete Hirnareal ist größer als alle anderen Hirnbereiche, die mit bestimmten Körperteilen in Verbindung stehen. Die motorischen und neuronalen Verbindungen die speziell die Hände betreffen, machen einen Großteil des Großhirns aus. Geht man von der relativen Größe dieses Gehirnareals aus, müssten unsere Hände so groß wie Haustüren sein!

Zu Beginn dieses Buches wollen wir das Handlesen nicht als fatalistische, determinierende Kunst verstehen, sondern vor allem als einen Weg zur Selbsterkenntnis. Aus der Handfläche lassen sich zwar im Allgemeinen die unveränderlichen Charaktereigenschaften eines Menschen ablesen, doch die Handlinien verändern sich im Lauf der Zeit, weshalb die Muster auf dem Handteller nie ganz unverändert bleiben. Unser Leben liegt sowohl buchstäblich als auch im übertragenen Sinne in unseren Händen.

EINE KURZE GESCHICHTE DES HANDLESENS

Die Menschen waren schon immer von ihren Händen fasziniert. Vor langer Zeit betrachteten schon die prähistorischen Höhlenbewohner ihre Hände als Zeichen für Individualität. Anthropologen zufolge stehen die weltweit in prähistorischen Höhlen gefundenen Handabdrücke für den Versuch unserer Vorfahren, ihren Besitz zu markieren. Da jeder Handabdruck einzigartig ist, konnte man mithilfe dieser Praxis genau sehen, wer in welcher Höhle lebte.

Die Lehre des Handlesens verbreitete sich im Lauf der Zeit auf der ganzen Welt. Die erste dokumentierte Praxis des Handlesens stammt aus Indien: *Die Lehren von Valmiki Maharshi über die männliche Handlesekunst* wurde um 2000 v. Chr. geschrieben und basiert auf der hinduistischen Astrologie. Von Indien aus gelangte die Praxis nach China, Sumer, Persien, Ägypten und Griechenland. Viele berühmte historische Persönlichkeiten studierten das Handlesen, darunter Aristoteles, Hippokrates und Alexander der Große.

Die Kunst des Handlesens fristete in gewisser Hinsicht seit jeher ein Schattendasein, da sie von allen großen Religionen verboten wurde, auch von der katholischen Kirche (obwohl das Handlesen in der Bibel dreimal erwähnt wird!). Die Handlesekunst begann erst aufzublühen, als die einheitliche Struktur einer Religion bröckelte, z. B. entstand während der Reformation in England ein reges Interesse am Handlesen und der Astrologie. Thomas Cromwell erwähnte in seinem Tagebuch, dass ihm in Italien aus der Hand gelesen und Großes prophezeit worden sei. Es gibt auch zahlreiche Beispiele von Menschen aus der Weimarer Republik, die sich für Handlesekunst interessierten – selbst Albert Einstein ließ sich aus den Händen lesen.

Der wohl beliebteste Handleser der Geschichte war der große Cheiro (1866–1936), der seinerzeit weltweit berühmt war und bekannten Persönlichkeiten wie Oscar Wilde, Mark Twain, General Kitchener, Thomas Edison und dem Prinzen von Wales aus den Händen las.

In letzter Zeit wird das Handlesen immer populärer, da die Faszination für Spiritualität jenseits des traditionellen Glaubens immer größer wird. Wissenschaft und medizinische Forschung haben die Handfläche untersucht und festgestellt, dass Zeichen, Unterschiede zwischen den Fingern und Abdrücke auf den Händen auf bestimmte Charakterzüge hinweisen.

WAS DAS HANDLESEN IHNEN SAGEN KANN UND WAS NICHT

Handlesen ist in erster Linie ein Mittel zur Selbsterkenntnis. Es ist keine Form der Wahrsagerei. Auf Ihrer Hand deutet nichts auf große, dunkelhaarige, gut aussehende Unbekannte hin, noch werden Sie durch Handlesen erfahren, wie lange Sie leben werden. Allerdings kann man vom Handteller sehr erstaunliche Informationen ablesen, z.B. zu Sensibilität, emotionalem Gleichgewicht, Selbstvertrauen, Intelligenz und vielen anderen Eigenschaften.

Die Handlinien verändern sich im Lauf der Zeit und spiegeln neue Verhaltensmuster wider. Da sich Kinderhände sehr schnell verändern, sind die Veränderungen kindlicher Handlinien besonders ausgeprägt und leicht zu erkennen. Mit zunehmendem Alter kann man sehen, wie sich Finger krümmen, Linien verlängern oder verkürzen und Zeichen auftauchen und wieder verschwinden. Denken Sie immer daran, dass die Muster, die Sie jetzt sehen, in einem Jahr anders aussehen können. Wenn Sie regelmäßig Abdrücke von Ihren Händen nehmen (siehe Seite 20–22), können Sie die Veränderungen Ihrer Handinnenseiten im Lauf der Zeit genau nachverfolgen.

WIE SIE DAS MEISTE AUS DIESEM BUCH HERAUSHOLEN

Jedes Kapitel bietet eine Fülle von Informationen. Stellen Sie also sicher, dass Sie die Konzepte in den einzelnen Kapiteln genau verstanden haben, bevor Sie zum nächsten übergehen. Ich habe am Ende jedes Kapitels eine kurze Übersicht hinzugefügt, damit Sie sich die Informationen leichter merken können.

Es ist auch hilfreich, sich Beispiele aus dem echten Leben anzusehen. Ihre Handflächen sind für Sie leicht zugänglich und können eine tolles Hilfsmittel zum Lernen sein, aber ich empfehle Ihnen auch, Freundinnen und Angehörige zu fragen, ob Sie mit ihren Händen üben dürfen. So können Sie verschiedene Zeichen und Handformen miteinander vergleichen. Schließlich ist jede Handinnenseite einzigartig. Wenn Sie zum Beispiel gelernt haben, was ein Wirbel-Fingerabdruck ist und wie er aussieht (siehe Seite 53, 55), versuchen Sie, einen Wirbel auf dem Finger einer Person aus Ihrem Umfeld zu finden. Sprechen Sie mit ihr darüber, was sie über die Charaktereigenschaften denkt, die mit einem Wirbelabdruck verbunden werden. Es ist wichtig, dass Sie so schnell wie möglich dazu übergehen, aus anderen Händen zu lesen, mit diesem Buch als Leitfaden. Angehende Handleserinnen haben oft das Gefühl, nicht genug zu wissen, um mit dem Handlesen beginnen zu können, aber je mehr Erfahrung Sie sammeln und je mehr Sie über diesen wahren, kraftvollen Prozess lernen, desto größer werden Ihr Selbstvertrauen und Ihre Kompetenz.

Beim Handlesen sollten Sie immer folgenden wichtigen Punkt beachten: **Ignorieren Sie alles, was gewöhnlich oder durchschnittlich ist.** Suchen Sie stattdessen nach Aspekten, die eine Person einzigartig machen. Jedes Merkmal, das als gewöhnlich betrachtet werden kann, z. B. ein durchschnittlich langer Finger oder ein typischer ulnarer Schleifenabdruck (siehe Seite 53, 54), können Sie getrost ignorieren. Das macht Ihre Arbeit als Handleserin viel einfacher.

Handlesen ist ein Balanceakt. Betrachten Sie ein einzelnes Zeichen niemals isoliert und als *das* Bestimmungsmerkmal für ein bestimmtes Persönlichkeitsmerkmal. Berücksichtigen Sie daneben auch die Form der Handfläche, die Hautbeschaffenheit, die Finger und andere Faktoren. Jedes Element ist nur Teil eines größeren Puzzles. Die Expertise guter Handleserinnen basiert auf der Fähigkeit, Beobachtungen zusammenzufügen und sich ein vollständiges Bild einer Person zu machen.

Überprüfen Sie die Fakten in diesem Buch in der Praxis: Wenn Sie beispielsweise lernen, dass Menschen mit rauer Haut Outdoor-Typen sind, gehen Sie zu einem Landwirt oder einer Fischerin und sehen Sie selbst, welchen Hauttyp die Person hat. Eignen Sie sich die Geheimsprache der Handlesekunst an und überprüfen Sie ihren Wert auf eigene Faust.

DAS WICHTIGSTE AUF EINEN BLICK

Beim Handlesen geht es um Selbsterkenntnis, nicht um Wahrsagen.

Handlinien bleiben nicht immer gleich; sie verändern sich, wenn wir älter werden und neue Charakterzügen entwickeln.

Betrachten Sie die ganze Hand, nicht nur einzelne Zeichen.

Wenden Sie das Gelernte im echten Leben an, indem Sie sich die Handteller (und Finger) von Freundinnen, Angehörigen, Kolleginnen usw. ansehen.

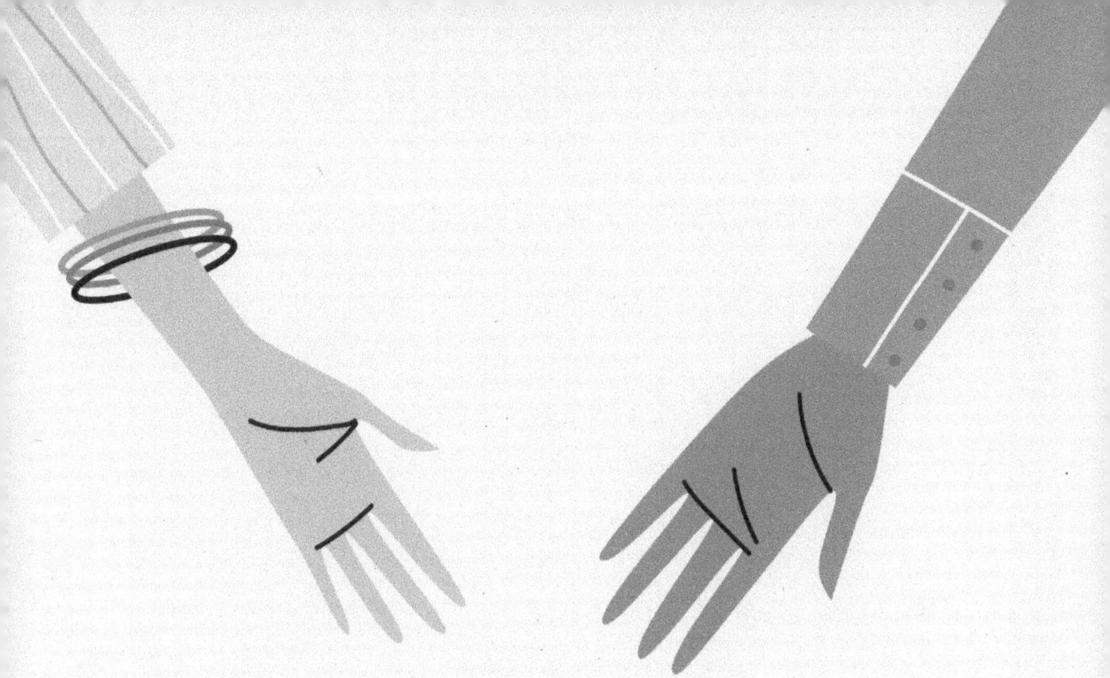

KAPITEL
1

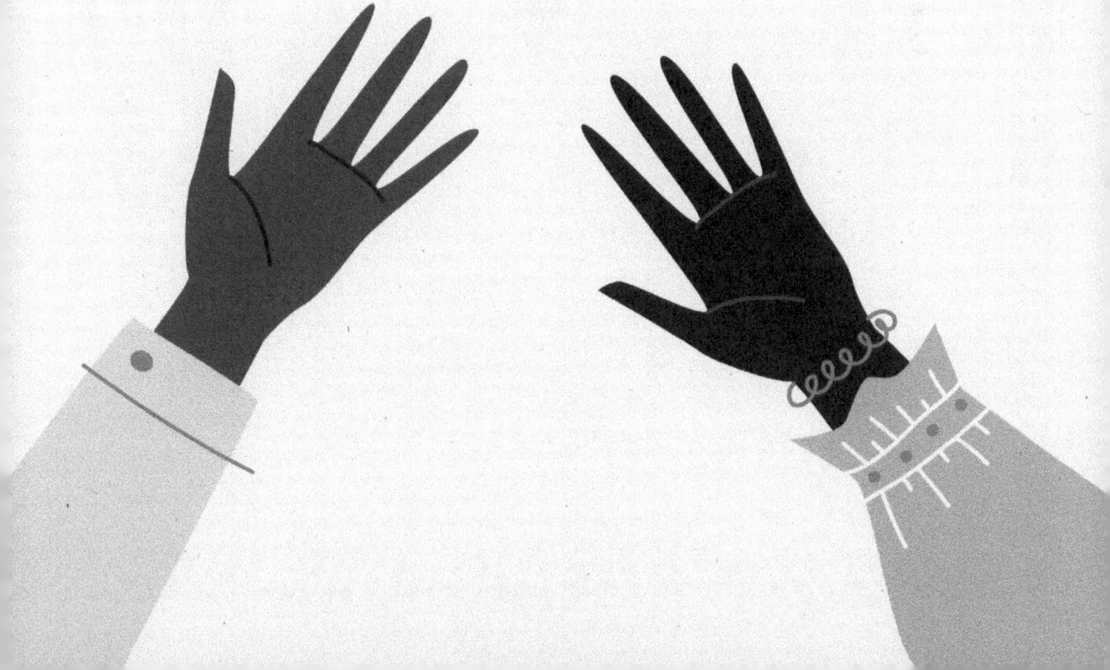

DIE HAND KENNENLERNEN

Beim ersten Betrachten einer Hand ist es schwierig, zu wissen, wo man anfangen soll. Beim Handlesen geht es darum, auf der Basis von Beobachtungen und Eindrücken auf klare, verständliche Charakterzüge und Eigenschaften einer Person zu schließen. Lassen Sie sich Zeit und wägen Sie jeden Punkt vorsichtig ab. Es ist wichtig, die Hand systematisch und Schritt für Schritt durchzuarbeiten – oder Kapitel für Kapitel wie in diesem Buch.

ERSTE EINDRÜCKE

Der erste Eindruck ist immer wichtig – tun Sie ihn nie als unbedeutend ab. Keine Sorge, falls Ihnen das anfangs nicht leicht fällt. Übung macht den Meister und Sie werden lernen, was es zu beachten gilt. Weiter unten finden Sie meine Top-Tipps zu allen Aspekten, auf die man sich konzentrieren sollte. Betrachten Sie Ihre Hände oder die einer nahestehenden Person und achten Sie auf Ihre ersten Eindrücke, während Sie diesen Leitfaden benutzen.

Aber Vorsicht! Vertrauen Sie dem ersten Eindruck nicht voll und ganz, sondern sehen auch darüber hinaus. Als Handleserin sollten Sie lernen, darauf zu vertrauen, was die Handinnenseite Ihnen sagt, und nicht darauf, welche Charakterzüge Ihre Kundinnen zur Schau stellen. Zum Beispiel können die Handflächen einer überschwänglichen, lauten und extrovertierten Person auf große Verunsicherung und fehlendes Selbstvertrauen hinweisen. Sie müssen lernen, nicht auf die Persönlichkeit an der Oberfläche zu achten, sondern auf die Wahrheit dessen, was der Handteller Ihnen sagt.

Nutzen Sie daher den folgenden Leitfaden, um Ihre ersten Eindrücke zu sammeln, und besinnen Sie sich nach der Analyse der gesamten Hand noch einmal auf Ihre Anfangsgedanken. Zu welchem Ergebnis sind Sie gekommen?

DIE GRÖSSE DER HAND

Erstens: Wie groß ist die Handfläche? In den meisten Fällen verhält sich die Größe der Hand ungefähr proportional zur Größe der Person. Doch gelegentlich ist ein Handteller besonders groß oder klein – als würde er zu einem Menschen gehören, der größer oder kleiner ist als die Person, zu der er gehört. Menschen mit unverhältnismäßig großen Händen sind detailverliebt und arbeiten gern akribisch. Wer im Bereich Zahntechnik, Chirurgie, klassische Gitarre und Schmuckherstellung arbeitet, hat in der Regel große Hände. Menschen mit kleinen Händen sind das genaue Gegenteil: Sie arbeiten schnell und packen die Dinge voller Tatendrang an. Sie scheinen in einem schnelleren Tempo durchs Leben zu gehen als die meisten anderen und sind sehr gut darin, große Projekte zu managen, da sie das große Ganze im Blick haben. Allerdings haben sie wenig Geduld und halten sich nicht mit Details auf. Kleine Hände findet man bei Sportlern sowie bei Menschen, die in der Öffentlichkeit stehen oder in einer schnelllebigen Branche tätig sind.

AKTIVE UND PASSIVE HÄNDE

Die Hand, mit der wir schreiben und einen Ball fangen, ist unsere dominante oder aktive Hand. Die dominante Hand verweist auf unsere entwickelte, äußere und reife Persönlichkeit – das Gesicht, das wir der Welt zeigen. Die nicht-dominante oder passive Hand steht für unsere unterbewusste, verborgene innere Persönlichkeit. Sie deutet oft auf Probleme und Antriebe hin, die uns nicht bewusst sind, aber zu unseren prägenden Erfahrungen gehören. Aus der passiven Hand lässt sich viel besser schließen, wie eine Person in der Kindheit war. Nur unsere Eltern und die Menschen, denen wir sehr nahestehen, kennen uns als die Person, die von der passiven Hand repräsentiert wird.

Beide Hände sollten beim Handlesen Beachtung finden. Je größer der Unterschied zwischen beiden Händen, desto mehr wird sich die Person im Lauf ihres Lebens entwickeln und verändern. Wenn es sich um eine ältere Person handelt, steht die aktive Hand wahrscheinlich für einen größeren Teil ihrer Persönlichkeit, weshalb man dieser Hand mehr Beachtung schenken sollte. Der Grund hierfür liegt darin, dass die Person bereits einen Großteil ihres Lebens gelebt und ihre jetzige Persönlichkeit herausgebildet hat. Allerdings zeigt die passive Hand immer noch eine versteckte Seite der Person, und sollte daher nicht vollkommen außer Acht gelassen werden.

SPANNE

Die Spannweite finden Sie heraus, indem Sie die Breite der Hand messen und dabei auf halber Höhe, direkt über dem Daumen beginnen. Vergleichen Sie diesen Wert mit der Länge der Handfläche, also dem Abstand zwischen dem Ansatz des Mittelfingers und der Handwurzel. Ist die Handfläche breit, vielleicht so breit, wie sie lang ist? Oder ist sie schmal und verleiht der Hand eine ausgesprochen längliche Form? Breite Handteller verweisen auf eine feste, stabile, praktische Einstellung. Die Person ist in der Regel ordnungsliebend und auf Stabilität ausgerichtet. Eine schmale Handfläche lässt eher auf eine intuitive, instinktive und kreative Lebenseinstellung schließen. Menschen mit länglich geformten Handtellern sind sehr empfänglich für ihre Umgebung und werden von anderen stark beeinflusst. Jene mit sehr schmalen Handflächen sind manchmal psychologisch sensibel und eher introvertiert.

FARBE

Auch die Farbe kann auf den Charakter einer Person hindeuten. Rötliche, rosige Hände stehen für innere Erregung, unterdrückte Energie und Leidenschaft. Blasse, feuchte Hände weisen auf ein lethargisches Gemüt und eine eher passive Lebenseinstellung hin.

DIE BESCHAFFENHEIT DER HAUT

Die Haut der Handinnenseite weist darauf hin, wie empfindsam eine Person ist und wie sie auf ihre Umwelt reagiert. Die Beschaffenheit der Haut kann jede Menge über eine Person verraten, u. a. über ihre Ernährung, Karriere, Lebensweise und die Art von Beziehung, die sie führen möchte. Auf der Haut der Handinnenseite (und auch der Fußsohlen) befinden sich feine Hautleisten (linienartige Erhebungen), zahlreiche Schweißdrüsen und Nervenrezeptoren. Je gröber und rauer diese Erhebungen sind, desto schroffer und härter ist die Persönlichkeit. Der Grund hierfür: die Oberfläche des Handtellers weist auf die Komplexität des zentralen Nervensystems hin.

Es gibt zwei Methoden, die Beschaffenheit der Haut zu untersuchen: Sie befühlen die Oberfläche einfach mit der Spitze Ihres Zeigefingers, indem sie über die Mitte des Handtellers streichen (oder über einen Bereich nahe der Mitte, wo keine Schwielen sind), oder Sie sehen sich den Abdruck der Hand an (siehe Seiten 20–22) und untersuchen die Hautleisten sowie die Anzahl, Dichte und Beschaffenheit der detailgetreu dargestellten Linien.

DIE VIER HAUTTYPEN DER HANDFLÄCHE

Bei Handflächen gibt es vier grundlegende Hauttypen, von denen jeder auf etwas anderes hinweist.

WEICHE HAUT

Wenn sich die Haut sehr dünn und weich anfühlt oder auf dem Abdruck kaum sichtbare Hautleisten und viele zarte Linien zu sehen sind, ist die Person hochsensibel: Sie geht Konflikten und schwierigen Situationen aus dem Weg, ist zart besaitet und hat ein unruhiges, fragiles Wesen. Dieser Hauttyp ist typisch für alternative Therapeutinnen, Pflegepersonal, spirituell Suchende, intuitive Menschen, Kunstschaffende und Schöngeister.

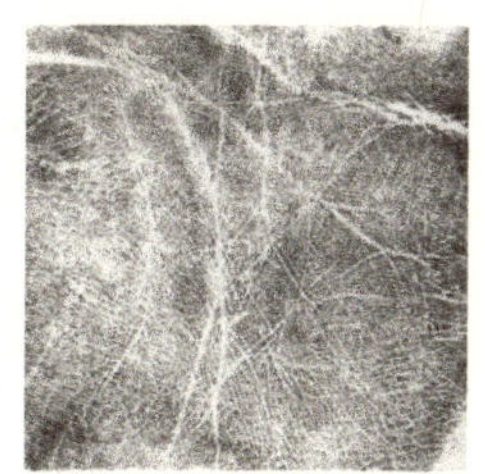

TROCKENE HAUT

Wenn sich die Haut dünn und trocken anfühlt und leicht gelb ist oder der Abdruck dicht gemaserte, feine Hautleisten mit langen, verästelten Linien aufweist, ist die Person kopfgesteuert, aufmerksam und überaus visuell. Sie ist sensibel, doch etwas kühl an der Oberfläche und offen für Ideen, Bilder, Reden, Bücher, Wörter und Sprache. Dieser Hauttyp ist typisch für Lehrende, Büro- und Call-Center-Angestellte sowie alle, die auf der Arbeit Technologie- und Kommunikations-Skills anwenden.

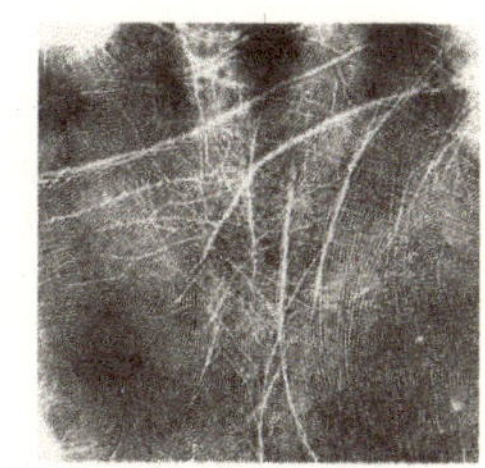

GROBKÖRNIGE HAUT

Fühlt sich die Haut grobkörnig an oder zeigt der Abdruck feste, harte Hautleisten mit starken roten Linien, die wie Schnitte aussehen, ist die Person handlungsorientiert. Sie ist immer beschäftigt und von Natur aus eine Macherin. Dieser Hauttyp ist typisch für sportliche und geschäftsorientierte Menschen. Grobkörnige Haut ist unter Männern viel verbreiteter als unter Frauen.

RAUE HAUT

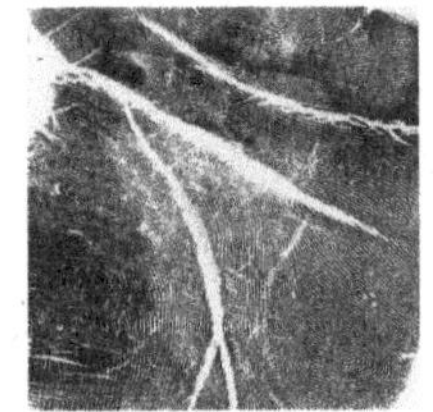

Wenn sich die Haut hart und rau anfühlt, Erhöhungen aufweist, die wie Holz aussehen und sich auch wie Holz anfühlen, oder auf dem Abdruck nur ein paar tiefe Linien zu sehen sind, ist die Person ein robuster Outdoor-Typ. Sie ist körperlich abgehärtet, handwerklich geschickt und eher praktisch als emotional. Dieser Hauttyp kommt häufig bei Menschen vor, die in den Bereichen Baumpflege, Landwirtschaft, Fischerei, Gartenbau und Handwerk arbeiten. Ihnen können die Temperaturen draußen nichts anhaben und sie sind gern in Bewegung. Bei Frauen kommt raue Haut sehr selten vor, selbst wenn sie in der Landwirtschaft, der Fischerei oder im Gartenbau tätig sind.

HANDABDRÜCKE ANFERTIGEN

Um eine Hand eingehend zu untersuchen und zeitlich bedingte Veränderungen auf den Handtellern nachzuvollziehen, sollten Sie Abdrücke anfertigen. Dies setzt etwas Übung voraus.

WAS SIE BENÖTIGEN:

- ★ schwarze oder braune Tinte auf Wasserbasis für den Blockdruck
- ★ Tintenwalze
- ★ normales Kopierpapier DIN-A4
- ★ eine Lupe (optional, abhängig vom Sehvermögen)

METHODE:

1. Arbeiten Sie auf einer flachen, glatten Oberfläche wie einem Tisch und legen Sie eine Unterlage, wie etwa eine Zeitschrift, unter das zu bedruckende Papier.
2. Tragen Sie 1cm Tinte auf eine glatte, nicht saugfähige Oberfläche auf.
3. Rollen Sie die Tintenwalze in der Tinte auf und ab, bis die Walze bedeckt ist, aber versuchen Sie, so wenig Tinte wie möglich zu verwenden.
4. Bitten Sie die Person, von der Sie die Handabdrücke nehmen möchten, dass sie ihre Hände entspannt. Nehmen Sie den Abdruck zuerst von der einen, dann von der anderen Hand. Rollen Sie die Tinte vorsichtig über die Handfläche und bedecken Sie die gesamte Oberfläche, einschließlich der Finger, mit einer gleichmäßigen, dünnen Schicht. Bestreichen Sie auch die Konturen der Hand und gehen Sie mit der Walze über alle Stellen.
5. Drücken Sie die Handinnenseiten schnell auf das Papier und üben Sie dabei viel Druck auf die Finger und die Handfläche aus. Falls der Handteller in der Mitte eine große Vertiefung aufweist, was einen Abdruck erschwe-

ren würde, heben Sie die Hand an und drücken Sie das Papier in die Vertiefung.

6. Ziehen Sie das Papier vorsichtig ab und betrachten Sie den Abdruck.

DIE HANDFORM

In den frühen 1960er-Jahren machte sich der Handleser, Künstler und Astrologe Fred Gettings eine jahrhundertealte, überaus effektive Methode zunutze, nach der Handflächen in Kategorien unterteilt werden. Er entwickelte ein Vier-Elemente-System, das Hände den traditionellen Elementen Erde, Wasser, Feuer und Luft zuordnet. Diese Methode funktioniert sehr gut bei 70 Prozent der Menschen; ihre Handform lässt sich einem eindeutigen Element zuordnen. Leider sind 30 Prozent der Hände nicht bestimmbar und nur schwer in diese Kategorien einzuteilen. Behalten Sie auch im Hinterkopf, dass selbst diejenigen, die einem eindeutigen Element zugeordnet werden können, auf einer tieferen Analyseebene Widersprüche aufweisen und nicht zu 100 Prozent mit einem einzigen Element übereinstimmen. Wenn eine Hand jedoch einem klassischen Element zugeordnet werden kann, ist dies eine wunderbare Methode, um mehr über den allgemeinen Charakter der Person zu erfahren, bevor man eine detaillierte Analyse der Hand durchführt. Das Elementarsystem berücksichtigt die ganze Hand, einschließlich der Finger. Daher empfehle ich, dass Sie jetzt, nachdem Sie die Hände eingehend studiert haben, versuchen herauszufinden, ob sie sich einem Element zuordnen lassen. Kehren Sie aber auch noch einmal an diese Stelle im Buch zurück, nachdem Sie Kapitel 2 gelesen und mehr über die Finger gelernt haben, und versuchen Sie es erneut.

ERDHAND

Erdhände sind quadratisch, dick und schwer. Die Hand ist fleischig und gut gepolstert; sie hat sehr wenige Linien und die Finger sind kurz und steif. Menschen mit Erdhänden sind in der Regel klein und stämmig und besitzen eine natürliche Kraft und Ausdauer. Sie verfügen über praktische, handwerkliche Fähigkeiten und gehen wahrscheinlich einem Hobby wie Gärtnern, Heimwerken oder Korbflechten nach. Ihre Lebenseinstellung ist eher pragmatisch und sie stehen abstrakten Philosophien, Idealen und hochtrabenden Ansichten skeptisch gegenüber. Sie vertrauen nur dem, was sie kennen und was sich bewährt hat. Familie, das eigene Zuhause, Tradition und die Vergangenheit sind im Erdbewusstsein von enormer Bedeutung. Menschen mit dieser Handform haben in der Regel große Familien und sind gute Eltern, weil sie verlässlich, bescheiden und stabil sind. Oft schlagen sie Chancen zugunsten von Sicherheit aus und stehen Veränderung mit Sorge gegenüber. Erdhände sind typisch für Menschen, die einer wichtigen, systemrelevanten Arbeit nachgehen, die jedoch oft unbemerkt und ohne Anerkennung bleibt, z. B. in den Bereichen Pflege, Reinigung, Fabrikarbeit, Güterkraftverkehr, Bauwesen, Abwassertechnik, Landwirtschaft sowie Garten- und Bergbau.

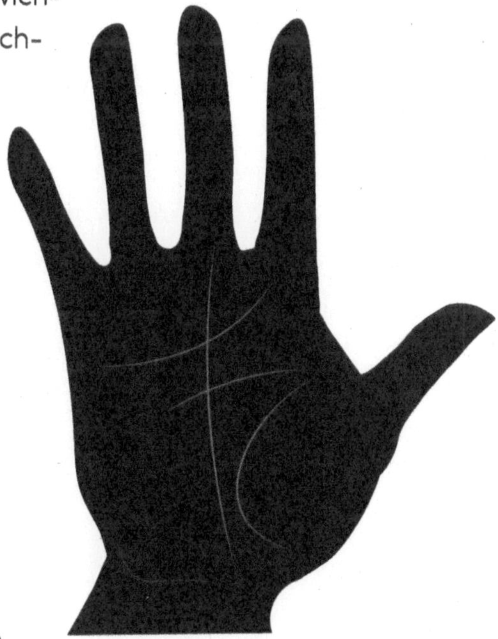

WASSERHAND

Wasserhände haben eine schmale, rechteckige Handfläche, lange, bewegliche Finger und zahlreiche, feine und zarte Linien. Wassertypen haben oft blasse Haut, überaus bewegliche Gelenke, ausdrucksstarke Augen und langes Haar. Der schmale Handteller einer Wasserperson zeigt an, dass sie überaus empfänglich für ihre Umgebung ist. Die Wasserhand steht für eine offene, wandelbare Natur, die von Impulsen, Empfindungen und Gefühlen gesteuert wird. Das Bewusstsein von Wassermenschen wird stark von Beziehungen geprägt. Diese Menschen sind auch gut darin, auf intuitive, kreative Weise Verbindungen zwischen Ideen, Gegenständen und Menschen herzustellen. Dies eröffnet ihnen eine sehr spirituelle Perspektive, die sich oft in künstlerischen Eigenschaften ausdrückt. Da Wassermenschen von tieferen Impulsen gesteuert werden, entscheiden sie sich in der Regel für Berufe, die weder monoton noch körperlich zu anstrengend sind, z. B. in den Bereichen alternative Therapie, Beratung, Religion, Kunst, Dichtung, soziale Arbeit, Kinderbetreuung, Coaching, Wohltätigkeit und Kosmetik. Menschen mit Wasserhänden mögen weder Streit noch Wettbewerb. Stattdessen streben sie nach Harmonie und innerer Ruhe, weshalb Beziehungen wichtiger sind als das Streben nach Wohlstand und Macht. Ziele werden durch Teamwork, Freundschaft und Kooperation mit anderen erreicht.

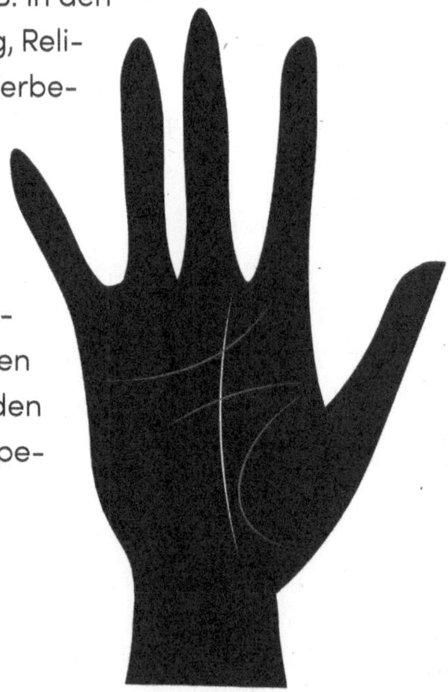

FEUERHAND

Feuerhände haben ebenfalls rechteckige Handteller, sind jedoch nicht so schmal wie Wasserhände. Die Finger sind kurz (aber nicht so kurz wie Erdfinger), die Handfläche ist warm und trocken und die Linien sind tief und rot. Menschen mit Feuerhänden haben in der Regel muskulöse, drahtige Körper, kurzes Haar und intensive Augen. Es fällt ihnen oft schwer, sich zu entspannen, und sie versuchen in der Regel durch Sport oder Bewegung abzuschalten. Menschen mit Feuerhänden sind – wie jene mit Wasserhänden – empfänglich für ihre Umgebung, doch ihre breiteren Hände und kürzeren Finger verweisen eher auf ein Bewusstsein, das nach Veränderung und Handlung strebt. Feuer geht mit Transformation und Hitze einher und Menschen mit Feuerhänden sind immer daran interessiert, sich weiterzuentwickeln, neue Fähigkeiten zu lernen, ein neues Kapitel aufzuschlagen, an unbekannte Orte zu reisen und Dinge auszuprobieren. Feuer steht im Widerspruch zu Wasser, weshalb tiefere Gefühle in der Regel ignoriert, unterdrückt oder verdrängt werden. Der Beruf ist von großer Bedeutung, da diese Menschen oft das Gefühl haben, dass sie sind, was sie tun. Leistung, Ruhm und Macht sind Mittel, die ihnen Erfüllung bringen sollen. Zu ihnen passt am besten eine herausfordernde Form von Arbeit, bei der sie Eigeninitiative zeigen können, z. B. als Selbstständige, Geschäftsführerinnen, Unternehmer, als Angestellte in den Medien und am Finanzmarkt oder als Motivationscoachs – im Grunde also jede Situation, die schnelllebig ist und eine gewisse Spannung mit sich bringt.

LUFTHAND

Lufthände haben eine quadratische Handfläche, doch wo die Erdhand über dicke Knochen verfügt, weist die Lufthand leichte, zarte Knochen und lange Finger auf. Lufthände sind die größten Hände im Elementarsystem und der Handteller ist meist mit vielen Linien übersät. Menschen mit Lufthänden haben in der Regel eine große, schlanke Figur. Typisch für sie ist auch eine Sehschwäche und extrem dünnes Haar. Sie sind am anfälligsten für nervliche Belastungen und psychischen Stress. Die Fähigkeit, spontan und leidenschaftlich zu sein, wird von ständiger Alarmbereitschaft und Wachsamkeit beeinträchtig. Menschen mit Lufthänden sind in erster Linie konzeptionell veranlagt, neigen zum Nachgrübeln und mögen Analysen und Ideen. Sie können auch zu Nonkonformismus tendieren, da sie für ihre Lebensansichten eintreten. Lufthände sind typisch für Menschen, die in den Bereichen Journalismus, kreatives Schreiben, Gesellschaftskritik und Comedy arbeiten. Bereiche wie Universität, Lehre, Planung, Beratung, Forschung und Wissenschaft werden alle von Menschen mit Lufthänden dominiert. Luft steht für das Prinzip Raum, weshalb Lufttypen gern allein arbeiten und ein hohes Maß an Autonomie anstreben.

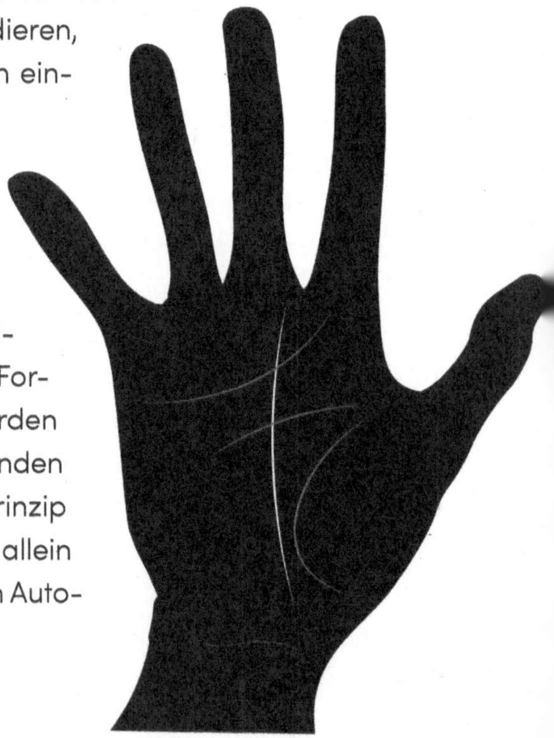

KEINE ELEMENTARFORM

Keine klare Handform erkennbar? Keine Sorge, wenn Sie die Hand keinem Element zuordnen können. Bei manchen Menschen spiegeln die Hände verschiedene Elemente wider. Manche Hände sind keilförmig oder weisen einen großen Wulst an der Seite auf und sind daher schwer einzuordnen. Ignorieren Sie in diesem Fall einfach die Form und machen Sie mit dem nächsten Analyseschritt weiter.

DIE ZONEN DER HAND

Die Hand wird von der Mitte des Mittelfingers zur Handwurzel in zwei Hälften unterteilt. Die Hälfte mit Daumen und Zeigefinger nennt man »radiale Seite« (zur Speiche (Radius) hin) und die Hälfte mit Ring- und kleinem Finger »ulnare Seite« (zur Elle (Ulna) hin).

Es ist wichtig, den Unterschied zwischen radialer und ulnarer Seite zu kennen, da man so die Bedeutung der verschiedenen Linien und Berge besser versteht. Die radiale Seite steht für die bewusste, greifbare physische Welt. Alle Hügel, Zeichen und Linien in diesem Bereich drehen sich um Ideen und Erkenntnisse in Bezug auf die Familie, das eigene Zuhause, den physischen Körper, die Karriere, Ambitionen, persönliche Macht, Besitz und Einfluss. Die ulnare Seite steht für die unbewussten, vergänglichen Aspekte des Lebens. Diese Zone spiegelt weniger greifbare Dinge wider: die äußere Welt, andere Menschen, Reisen in unbekannte Regionen, Träume und inne-

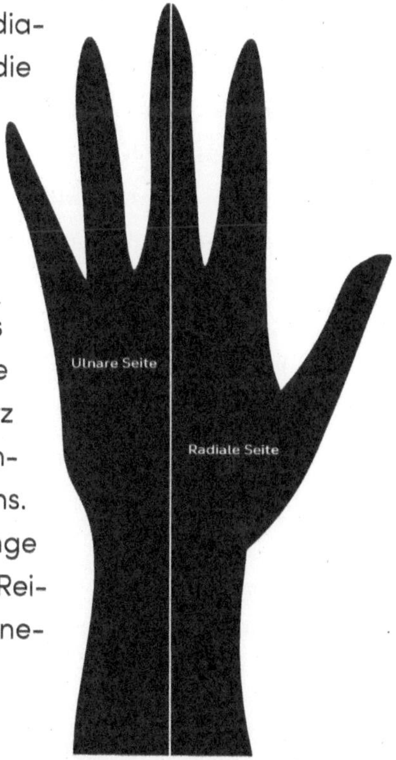

Ulnare Seite

Radiale Seite

res Wissen, die soziale Welt, den Forschungsdrang sowie das Streben nach Verbindung, Kommunikation und schöpferischer Tätigkeit.

DIE BERGE DER HAND

Die Berge oder Hügel der Hand, fleischige Erhebungen auf der Handfläche, liegen direkt unterhalb jedes Fingers und an den Rändern der Handinnenfläche. Die Berge, die nach dem Mond und den Planeten benannt sind und mit den Eigenschaften dieser Himmelskörper assoziiert werden, spielten in frühen Handlesebüchern eine wichtige Rolle, haben jedoch in der modernen Handlesekunst stark an Bedeutung verloren. Es ist aber wichtig, ihre Bedeutung zu kennen, da sie sich auf jedes Zeichen und jede Linie auswirken, die auf ihnen vorkommt. Wenn zum Beispiel die Kopflinie tief in den Berg des Mondes hineinragt, werden der Person auf mentaler Ebene die Eigenschaften des Mondes zugeschrieben, also Launenhaftigkeit, eine starke Vorstellungskraft, ein Hang zum Geheimnisvollen und ein Gespür für innere Tiefen. Falls wiederum die Schicksalslinie auf dem Hügel des Saturns endet, bedeutet dies, dass der Lebensweg von den Merkmalen des Saturn geprägt wird, also von Engagement, Loyalität und Pflichtbewusstsein.

Wenn Sie die Bedeutungen der verschiedenen Berge kennen, können Sie die Linien und andere Zeichen besser deuten. Im Allgemeinen müssen Linien oder Zeichen auf den Handbergen sichtbar sein, damit Letztere überhaupt von Bedeutung sind, andernfalls können Sie sie ignorieren. Es gibt jedoch Ausnahmen. Sollte der Berg der Venus, des Mondes oder des äußeren Mars übertrieben groß sein, wirkt sich dies auf das Bewusstsein der Person aus – unabhängig davon, ob Zeichen auf den Bergen zu sehen sind.

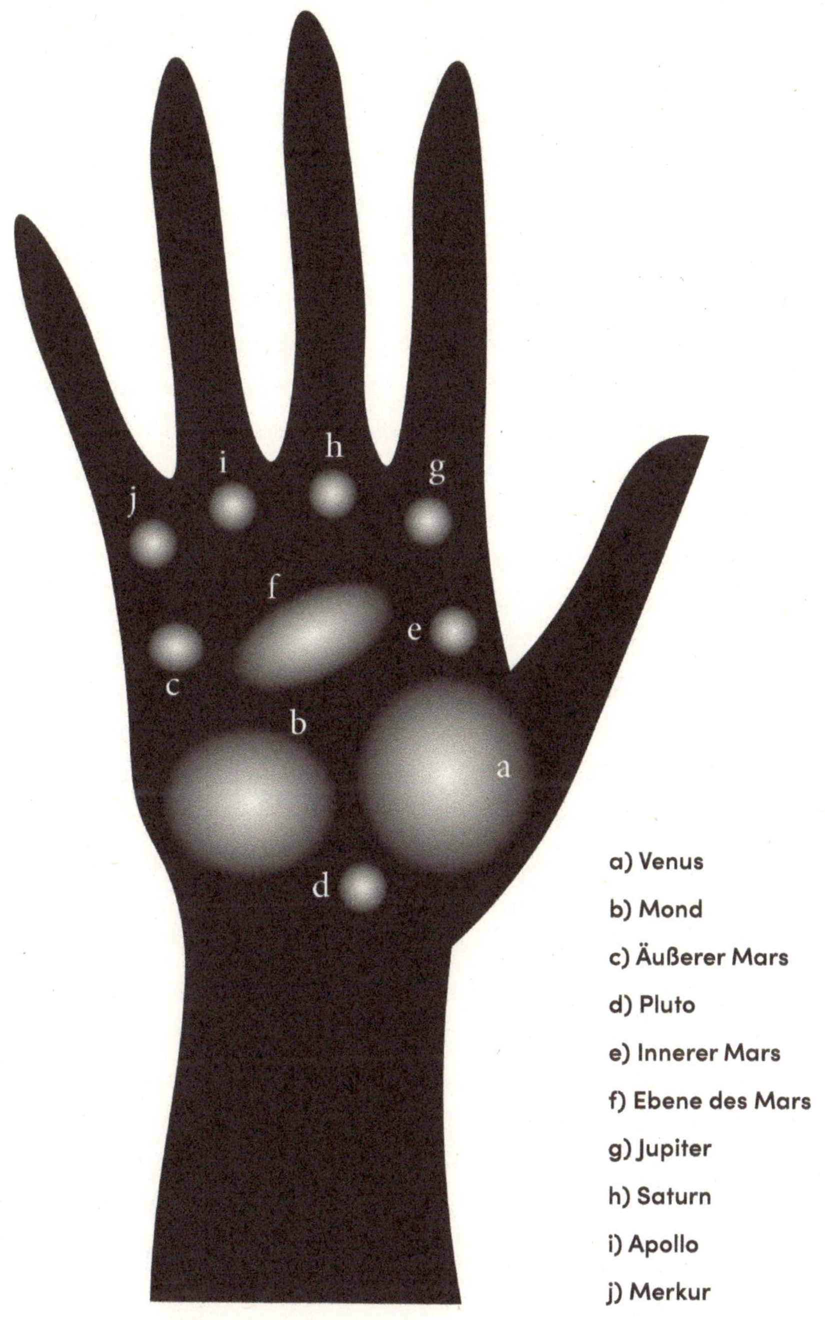

a) Venus

b) Mond

c) Äußerer Mars

d) Pluto

e) Innerer Mars

f) Ebene des Mars

g) Jupiter

h) Saturn

i) Apollo

j) Merkur

DER BERG DER VENUS

Der große, fleischige Berg beschützt die Hauptadern und -nerven, die die Hand mit dem Rest des Körpers verbinden. Seine Größe und Festigkeit sind generelle Anzeichen für Lebenslust, körperliche Energie und die Fähigkeit zu menschlicher Wärme. Wenn dieser Hügel groß und gut gepolstert ist, kann sich die Person wahrscheinlich sehr gut amüsieren und ist zugleich kraftvoll, warmherzig, großzügig, körperlich und energisch. Oft weist ein vergrößerter Hügel der Venus auf das Bedürfnis hin, das Leben in vollen Zügen zu genießen. Wenn er weich, flach oder schwammig ist, lässt sich daraus eine gewisse Trägheit schließen – der Person mangelt es vielleicht an Energie und Lebenskraft. Dieser Berg entwickelt sich mit der Muskelkraft der Person, z. B. wenn sie regelmäßig ins Fitnessstudio geht.

DER BERG DES MONDES

Manchmal befindet sich in dieser Zone eine Erhöhung, die prall und rund ist (obwohl sie nie so stark ausgeprägt ist wie der Berg der Venus) oder auf der ulnaren Seite der Hand nach außen ragt. Der Hügel des Mondes verweist auf unser kollektives Unterbewusstsein sowie unsere Stimmungen, tiefsten inneren Sehnsüchte, Träume und Vorstellungen.

Diese Zone repräsentiert irrationale, intuitive Eingebungen und unsere tiefsten Empfindungen. Ist sie vergrößert, besteht eine Liebe zur Natur, der Vergangenheit, dem Meer und allem, was die innere Welt inspiriert – seien es Antiquitäten, Meditation, Musik, Mysterien oder Künste. Wenn es Anzeichen für Empfindsamkeit auf der Handfläche gibt (z. B. weiche Beschaffenheit der Haut oder eine Wasserhand), verfügt die Person höchstwahrscheinlich über intuitive Eigenschaften.

DER BERG DES ÄUSSEREN MARS

Der Berg des äußeren Mars zeigt manchmal nach außen, sodass die ulnare Seite der Hand geschwungen ist. Diese Erhebung verweist auf einen aufdringlichen, kämpferischen, enthusiastischen Charakter, der seine Projekte und Ideen mit viel Leidenschaft angeht. Solche Menschen sind unaufhaltbar, wenn man versucht, sich ihnen in den Weg zu stellen. Dieser Hügel kommt sehr häufig bei Leistungssportlern vor.

DER BERG DES PLUTO

Der Berg des Pluto (auch »Berg des Neptun« genannt) steht vor allem für Veränderung und Transformation. Er ist nur dann relevant, wenn eine Linie auf ihm zu sehen ist – dabei handelt es sich fast immer um den Beginn der Schicksalslinie oder um eine Reiselinie, die jeweils für Transformation und den Drang stehen, das eigene Schicksal zu verändern (siehe Seite 76–77 und 89). Reiselinien führen immer durch den Hügel des Pluto und stehen für die Neigung, auszubrechen und auf Erkundung zu gehen. Wenn die Schicksalslinie auf diesem Hügel beginnt, hat die Person in einer frühen Lebensphase nach dem Sinn im Leben gesucht.

DER BERG DES INNEREN MARS

Wenn eine Linie hier beginnt (in der Regel die Kopflinie, aber manchmal die Lebenslinie), verweist dies auf körperliche oder mentale Härte und den Wunsch, Herausforderung, Kämpfe und Streit anzunehmen. Normalerweise gibt es eine Faszination für Fitness und Sport. Oft deutet eine Linie auf dem inneren Mars darauf hin, dass man sich bedroht fühlt und bei Kritik oder einem Angriff höchstwahrscheinlich überreagiert.

DIE MARSEBENE

Die Ebene des Mars, die niemals erhöht ist und daher auch nicht als Berg gilt, ist lediglich eine Zone, die auf den Hang verweist, Projekte durchzuführen und sich selbst weiterzuentwickeln. Wird diese Ebene von einer starken, klaren Kopflinie durchzogen, deutet dies auf eine durchsetzungsfähige Person hin, die im Umgang mit der Welt klug und erfolgreich ist.

DER BERG DES JUPITER

Wenn auf dem Berg des Jupiter eine Linie zu sehen ist, hat die Person womöglich mit Themen wie Ehrgeiz, persönlicher Macht, Kontrolle, Autorität und Idealen zu kämpfen.

DER BERG DES SATURN

Eine Linie auf dem Berg des Saturn deutet auf Probleme mit Werten, Einschränkungen, Regeln, Verträgen, der Karriere und ernsthaften, lebenslangen Verpflichtungen wie Heiraten und der Gründung einer Familie hin.

DER BERG DES APOLLO

Apollo ist der römische Gott, der mit Kunst verbunden wird und auch mit der Neigung, anzugeben und vor einem Publikum aufzutreten. Wie der Namensgeber steht ein von Linien durchzogener Berg des Apollo für kulturelle Interessen, Selbstüberhöhung und Selbstausdruck.

DER BERG DES MERKUR

Eine Linie auf dem Berg des Merkur steht für Handel, Kommunikation, Wortgewandtheit, Täuschung, sexuelle Versiertheit und Witz.

DAS WICHTIGSTE AUF EINEN BLICK

Wenn Sie einen ersten Eindruck von den Händen einer Person gewinnen, achten Sie auf die Größe der Hand, die Spanne sowie die Farbe und Beschaffenheit der Haut.

Die aktive Hand verweist auf die äußerliche, reife Persönlichkeit und die passive Hand auf die tiefe, versteckte Persönlichkeit.

Je älter eine Person ist, desto mehr steht die aktive Hand für ihren Charakter.

Die Beschaffenheit der Haut auf der Handinnenseite ist ein wichtiges Anzeichen für die Empfindsamkeit und das Bewusstsein einer Person; außerdem gibt es vier Hauttypen: weich, trocken, grobkörnig und rau.

Um fürs Handlesen zu üben, kann man sehr gut mit Handabdrücken arbeiten, da auf ihnen mehr Details zu sehen sind.

Die Hand wird entlang der Mitte in eine radiale und ulnare Seite geteilt.

Hände können aufgrund ihrer Form auch Elementen zugeordnet werden, was jedoch nur bei 70 Prozent der Menschen eindeutig funktioniert.

Die Berge sind nicht von Bedeutung, es sei denn, auf ihnen befindet sich eine Linie oder ein Zeichen. Eine Ausnahme stellt die Größe des Bergs der Venus, des Mondes und des äußeren Mars dar.

Die Berge sind nach den Planeten und dem Mond benannt: Venus, Mond, äußerer Mars, Pluto, innerer Mars, Marsebene, Jupiter, Saturn, Apollo und Merkur.

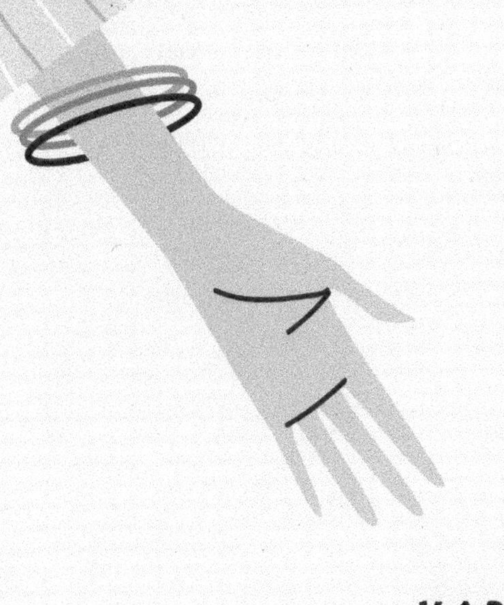

KAPITEL 2

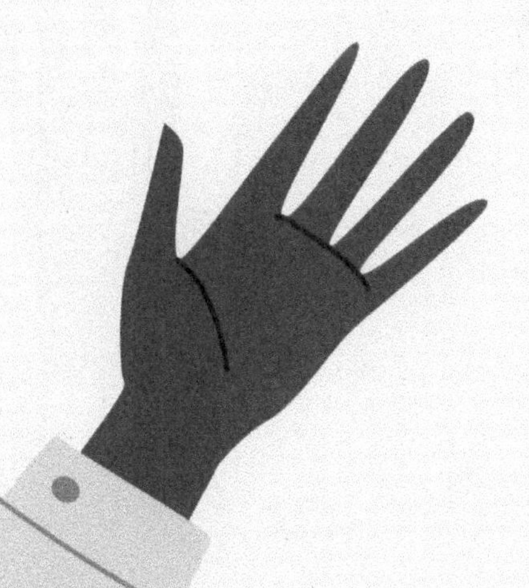

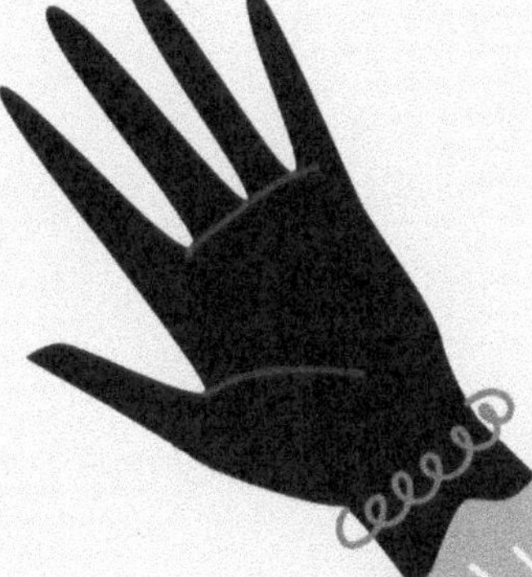

DIE FINGER KENNENLERNEN

Nachdem Sie die Hand kennengelernt haben, ist es jetzt an der Zeit, sich detaillierter mit den Fingern zu befassen. In den letzten Jahren hat es etliche wissenschaftliche Forschungen zur Bedeutung der Fingerlänge und des Verhältnisses zwischen den Fingern gegeben. Forschende in der Anthropologie und Psychologie haben überzeugend nachgewiesen, dass die relative Beschaffenheit der Finger die Gesundheit, Psychologie und das Verhalten einer Person widerspiegelt (siehe »Weitere Lektüre« am Ende des Buches).

Die relative Länge der Finger wird von Umweltfaktoren, den Hormonen im Mutterleib und Erziehungserfahrungen beeinflusst, weshalb sie ein wichtiger Indikator für unsere Persönlichkeit und Erziehung ist.

Die Finger tragen dieselben von den Planeten inspirierten Namen wie die darunterliegenden Berge:

★ **Der Zeigefinger** steht im Zeichen des Jupiter, der wiederum mit Ego, Kontrolle, Ehrgeiz, persönlichen Werten und Autorität verbunden wird.

★ **Der Mittelfinger** ist nach Saturn benannt, bei dem es um Konformität, Normalität, die Akzeptanz von Normen, Arbeit, Religion und die Einstellung zur Gesellschaft geht.

★ **Der Ringfinger** wird auch »Apollofinger« genannt und steht für das Bedürfnis, sich nach außen hin zu präsentieren, die Fähigkeit, Risiken einzugehen, sowie für Humor, Kunst und Kultur.

★ **Der kleine Finger** steht im Zeichen von Merkur, der mit Kommunikation, Ausdrucksfähigkeit, Sprachgewandtheit, Witz, Geschäftssinn und Sex zusammenhängt.

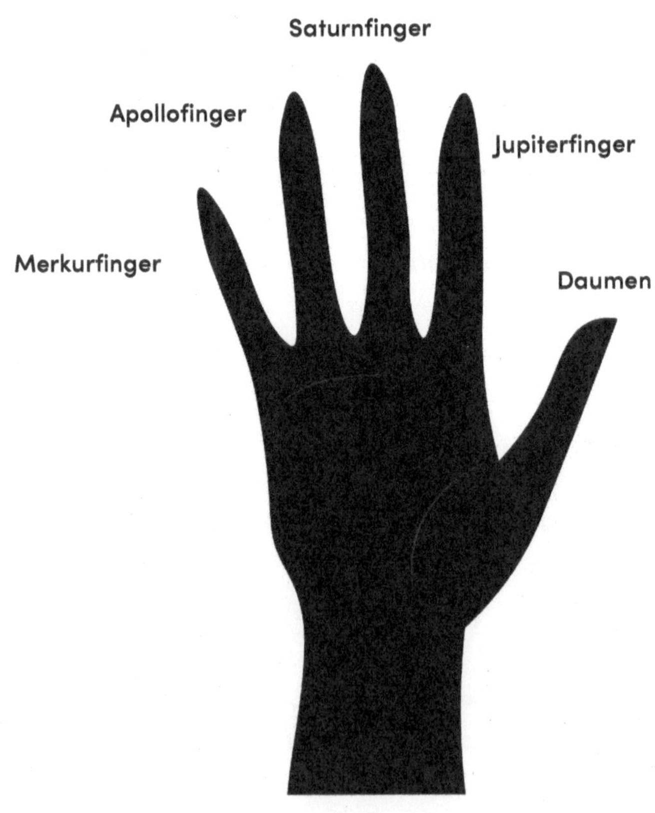

ERSTE EINDRÜCKE

Finger können sich hinsichtlich ihrer relativen Länge, des Abstandes zwischen ihnen und ihrer Beweglichkeit extrem unterscheiden. Im Folgenden finden Sie sechs Punkte, die Sie beachten sollten, wenn Sie Ihre Finger und die von Freundinnen und Angehörigen erstmals eingehender studieren.

LÄNGE

Erstens: Wie lang sind die Finger der Person? Um die Fingerlänge zu bestimmen, betrachten Sie den Handrücken und die in einem 90-Grad-Winkel nach vorne gebeugten Finger. Messen Sie den Abstand vom höchsten Punkt auf dem Knöchel des Mittelfingers bis zur Spitze desselben. Sehen Sie sich anschließend die Handinnenseite an und messen Sie den Abstand zwischen dem Ansatz des Mittelfingers und der Handwurzel. Vergleichen Sie beide Werte. Wenn der

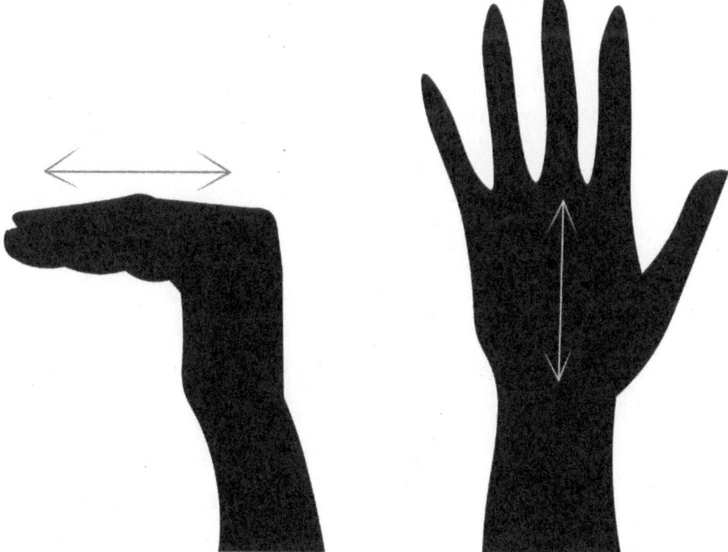

Mittelfinger genauso lang wie (oder länger als) der Handteller ist, sind die Finger lang. Wenn der Mittelfinger kürzer als die Handfläche ist, sind die Finger kurz.

Kurze Finger deuten auf schnelle, ganzheitliche Denkprozesse, intuitive Vermutungen und ein schnelles Urteilsvermögen hin. Menschen mit kurzen Fingern sind nicht an Analysen, kleinlichen Details oder Wissen um seines selbst willen interessiert. Stattdessen konzentrieren sie sich lieber auf die Schlüsselfaktoren.

Lange Finger verweisen auf gründliche, analytische Denkprozesse und auf Personen, die viel länger zum Handeln brauchen als Menschen mit kurzen Fingern. Personen mit langen Fingern sind wahrscheinlich auf ein bestimmtes Fachgebiet spezialisiert, und arbeiten z. B. in der Beratung, als Gutachter, in der Wissenschaft oder als Autorinnen.

ABSTAND ZWISCHEN DEN FINGERN

Wenn die Finger naturgemäß weit auseinanderstehen, mit einer 2 cm großen Lücke dazwischen, und der Daumen in einem 90-Grad-Winkel gehalten wird, weist dies auf eine offene, extrovertierte Persönlichkeit hin, doch wenn die Finger und der Daumen eng zusammenstehen, deutet dies auf einen verschlossenen, introvertierten Charakter hin.

BEWEGLICHKEIT

Wenn man versucht, die Finger nach hinten zu biegen, und sie sich überhaupt nicht zurückbiegen lassen, handelt es sich um steife Finger, die für eine Menge unterdrückter Angst oder Wut und eine starre Lebenseinstellung stehen. Menschen mit steifen Fingern sind sehr willensstark und psychologisch unflexibel. Wenn sich die Finger hingegen zurückbiegen lassen, handelt es sich um bewegliche

Finger. Je weiter sie sich nach hinten biegen lassen und je beweglicher sie sind, desto spontaner, fließender und sprunghafter sind die Denkprozesse der Person. Oft sind die anderen Gelenke des Körpers ebenfalls überaus beweglich. Dies ist ein Anzeichen für einen inspirierten, offenen Geist, dem es jedoch womöglich an Umsetzungsstärke und Fokus mangelt.

DIE FINGERGLIEDER

Jeder Finger wird in drei Glieder unterteilt, auch »Phalangen« genannt. Manchmal sticht die obere, mittlere oder untere Phalanx heraus, weil sie ungewöhnlich fleischig, gut entwickelt, dünn oder schmal ist. Die Größe jedes Fingerglieds kann auf wichtige Werte einer Person hindeuten.

Die unteren Bereiche jedes Fingers sind die sinnlichen Phalangen. Wenn diese besonders groß und prall sind, sind der Geschmacks- und der Tastsinn sowie die Freude am Genuss stark ausgeprägt. Diese Eigenschaften lassen sich unter Naschkatzen, Sommeliers, Gastronominnen, Masseuren und Menschen finden, die gern körperlichen Freuden frönen. Wenn die unteren Fingerglieder schmal und unterentwickelt sind, weist dies auf eine enthaltsame Persönlichkeit hin.

Die mittleren Bereiche jedes Fingers sind die ausführenden Phalangen. Manchmal sind sie länger und dicker als die anderen, was mit Organisation, Planung, Aktivität und dem Lenken geistiger Energie in Verbindung steht. Große mittlere Fingerglieder sind typisch für effektive, hart arbeitende, kompetente Menschen, die sich in Unternehmensführung und Strategie auszeichnen. Sind die mittleren Phalangen hingegen kurz und dünn, steht dies unter Umständen für Probleme bei der Umsetzung und Beendung von Projekten.

Die oberen Fingerglieder repräsentieren das Abstrakte. Wenn sie besonders groß sind, lassen sie auf eine Faszination für Philosophie, Ideale, Konzepte und spirituelle Ideen schließen. Sind die oberen Phalangen hingegen klein, steht dies für ein mangelndes Interesse an höheren Konzepten.

KNUBBELFINGER

Manchmal weisen die Finger kleine Verdickungen an den Gelenken auf und sind leicht als »Knubbelfinger« zu erkennen, da die Phalangen in der Mitte oft schmaler aussehen und die Knubbel hervorstehen. Finger mit ausgeprägten Knötchen an den Gelenken (die nicht durch Arthritis hervorgerufen werden) stehen für eine pedantische, kritische, gründliche und genaue Denkweise. Die Knötchen weisen auf rationale, lernbegierige Eigenschaften der Persönlichkeit und mangelnde Spontanität hin.

DIE NEIGUNGEN DER FINGER

Finger sind oft zu einem anderen Finger hin gekrümmt oder geneigt. Dies wird die »Neigung« der Finger genannt; sie verweist auf eine psychologische Neigung oder Tendenz der Person. Natürlich lässt ein stark gekrümmter Finger auf eine unflexiblere Einstellung als ein leicht geneigter Finger schließen. Beachten Sie, wie Ihre Finger oder die Ihrer Freundinnen geneigt sind, und finden Sie die jeweilige Bedeutung heraus.

Die am weitesten verbreitete Neigung eines Fingers ist die des Zeigefingers, der zum Mittelfinger hin gekrümmt oder geneigt ist. Dies deutet auf ein Bedürfnis nach Unterstützung hin und ist häufig ein Anzeichen für Materialismus. Der Person fehlt es an Unabhängigkeit und sie ist zu abhängig von ihrer Arbeit, der Gesellschaft und Konventionen, um ein Gefühl für die eigene Identität zu entwickeln. Wenn der Zeigefinger vom Mittelfinger *weg* zeigt, weist dies auf Unabhängigkeit hin: Die persönliche Freiheit ist der Person wichtiger als Pflicht und Verantwortung.

Der Mittelfinger ist manchmal zum Ringfinger geneigt oder gekrümmt. Dies steht für eine Art »Verschrobenheit«, eine unkonventionelle Einstellung. Häufig ist das Timing der Person in Bezug auf wichtige Lebensentscheidungen (z. B. den Job zu wechseln oder Kinder zu haben) ungewöhnlich. Diese Menschen tanzen gern aus der Reihe, neigen zu alternativen Lebensweisen und wollen ihrer Arbeit und ihren Pflichten oft entfliehen.

Manchmal ist ein Finger stark zu einem anderen hin gekrümmt. Vielleicht ist es der Ringfinger, der zum Mittelfinger gekrümmt ist. Dies zeigt, dass die Person zu selbstaufopfernd ist und ihre Hobbys und Freizeit vor den Anforderungen von Arbeit, Pflicht und Familie zurückstellt.

Wenn der Mittel- und Ringfinger zueinander geneigt sind, hat die Person vielleicht einen Märtyrerkomplex: Womöglich glaubt sie, die Lasten der Welt auf ihren Schultern zu tragen und nie genug Zeit zu haben, um eigenen Interessen nachzugehen. Dies ist auch ein Zeichen unterdrückter Kreativität.

Der kleine Finger ist häufig zum Ringfinger geneigt. Dies verweist auf einen Hang, die Wahrheit zu verbiegen, und auf eine ausgeprägte Fähigkeit zu Schmeichelei, Diplomatie und Wortmanipulation, was in manchen Berufen (wie Verkauf und Jura) ein riesiger

Vorteil sein kann. Wenn der kleine Finger vom Ringfinger *weg* zeigt, deutet dies auf das Bedürfnis hin, ungewöhnliche Ideen zu verfolgen und das Privatleben vor anderen zu verbergen.

RELATIVE POSITION DER FINGER

Was die Position der Finger betrifft, setzt der Merkurfinger (kleine Finger) häufig weiter unten an der Hand an. Er erscheint deshalb oft kurz, obwohl er tatsächlich von normaler Länge ist. Betrachten Sie das Bild gegenüber und vergleichen Sie den tiefsitzenden Merkurfinger mit der normalen Fingerposition. Wenn die Falte der unteren Phalanx auf einer Linie mit dem Ansatz des Ringfingers liegt (wie auf der rechten Hand abgebildet), kann dies ein Zeichen für sexuelle Unreife, die körperliche oder emotionale Abwesenheit der Vaterfigur oder eine allzu abhängige und nahe Vater-Kind-Beziehung sein. Da die Person vielleicht Jahre braucht, um ihre eigenen emotionalen Beweggründe zu verstehen, sollte sie nicht zu früh heiraten oder Kinder bekommen.

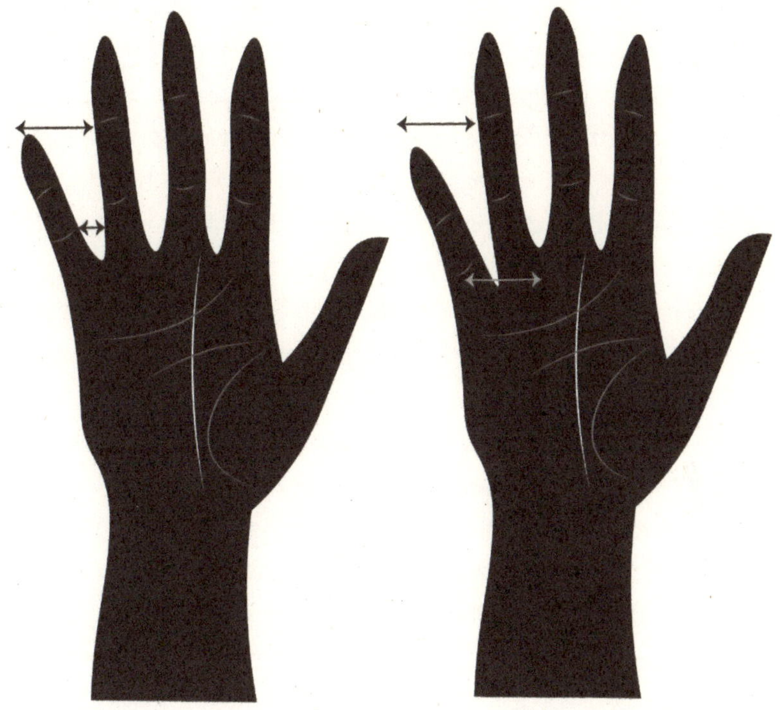

LÄNGE UND MERKMALE DER EINZELNEN FINGER

Nachdem Sie einen ersten Eindruck von den Fingern gewonnen haben, ist es wichtig, sich auf die Finger zu konzentrieren, die länger oder kürzer sind als der Durchschnitt. Dies offenbart starke psychische Motivationsmuster, die sich auf das Verhalten einer Person auswirken und ein wichtiger Hinweis auf die genossene Erziehung sind.

JUPITERFINGER

Der wichtigste Finger ist der Zeigefinger, auch »Jupiterfinger« genannt. Er wird im Vergleich zum Ringfinger gemessen. Wenn Sie ein Lineal über die Spitzen dieser beiden Finger legen (und den Mittelfinger nach hinten ziehen, damit er nicht im Weg ist), können Sie leicht sehen, welcher Finger länger ist. Wenn der Zeigefinger genauso lang oder ein bisschen kürzer ist (nicht kürzer als 3 mm), gilt er als durchschnittlich. Ist der Zeigefinger mehr als 3 mm kürzer, ist er kurz. Wenn der Jupiterfinger auch nur einen Hauch länger ist als der Ringfinger, gilt er als lang. Ein langer oder kurzer Jupiterfinger ist überaus bedeutsam.

Stellen Sie sich diesen Finger als einen Spiegel vor, auf dem Sie die Einstellung zu Macht, Autorität und Stellung der Person ablesen können. Ein langer Jupiterfinger verweist auf einen erhöhten Sinn für Verantwortung und Autorität, ein gesteigertes Kontrollbedürfnis sowie eine rechthaberische, idealistische Lebenseinstellung. Menschen mit diesem Merkmal sind perfektionistisch. Sie stehen für ihre Werte ein und haben ständig Gewissensbisse. Sie sind extrem stolz und nehmen sich selbst sehr ernst. Ein langer Jupiterfinger deutet darauf hin, dass die Kindheit der Person von einem übermäßig starken Pflichtgefühl geprägt war, weil die Mutterfigur entweder abwesend oder übermächtig war.

Ein kurzer Jupiterfinger verweist auf eine Person mit einem verminderten Selbstwertgefühl und tiefen Gefühlen der Unzulänglichkeit. Dies kann ein Hinweis darauf sein, dass in der Kindheit das Gefühl für persönliche Verantwortung und Macht nur selten gestärkt wurde. Es besteht daher die Gefahr, dass das nötige Verantwortungsgefühl fehlt, um persönliche Ziele zu erreichen. Menschen mit kurzen Jupiterfingern können oft überkompensieren und selbstverherrlichend auftreten, was jedoch nur Show ist. Personen mit diesem Merkmal nehmen sich selbst nie zu ernst. Ein extrem kurzer Jupiterfinger wird mit Selbstvernachlässigung (z. B. schlechter Ernährung oder Alkoholismus) in Verbindung gebracht, weshalb es ratsam sein kann, die Person sanft auf mögliche Probleme anzusprechen und zu ermuntern, diese anzugehen.

SATURNFINGER

Die Länge des Saturnfingers (Mittelfingers) wird ermittelt, indem man eine Line über die Spitzen des benachbarten Zeige- und Ringfingers zeichnet und überprüft, wie weit der Mittelfinger über diese Linie hinausragt. Es ist normal, wenn die Linie etwas oberhalb der Hälfte der oberen Phalanx des Saturnfingers verläuft. Sie können es überprüfen, indem Sie die Handrückseite betrachten. Drei Viertel des Nagels des Mittelfingers sollten über den Spitzen der benachbarten Finger liegen.

Ein langer Saturnfinger verweist auf eine hart arbeitende Person, die eine Stütze der Gesellschaft ist und für gewöhnlich zu strukturierten, traditionellen Berufen neigt, z. B. in den Bereichen Medizin, Jura, Kommunalverwaltung, Militär, Verwaltung oder Geschäftsführung.

Ein kurzer Saturnfinger steht oft für einen rebellischen Charakter, der einen alternativen Lebensstil pflegt und Autoritäten misstraut. Er ist typisch für Kunstschaffende, Anarchisten, Reisende und unkonventionelle, alternative Menschen.

APOLLOFINGER

Der Apollofinger (Ringfinger) verweist auf die Entwicklung der Persona, des nach außen hin gezeigten Selbstbildes. Er ist mit dem Drang verbunden, Aufmerksamkeit auf sich zu ziehen – ein Überbleibsel des Instinkts zur Partnerwerbung. Der Finger verrät viel über das Bedürfnis nach Bewunderung, künstlerischem Engagement und jeder Form des kreativen Ausdrucks. Seine Länge misst man im Vergleich zum Jupiterfinger (Zeigefinger).

Menschen mit einem langen Apollofinger gehen gern Risiken ein und machen sich zu viele Gedanken um ihre Wirkung und Beliebtheit. Vor allem im Show-Business und auf der Bühne finden sich

Menschen mit langen Ringfingern. Es gibt also ein starkes Bedürfnis nach Selbstausdruck, aber dieses muss nicht immer im Rampenlicht stattfinden. Wenn die Person zugleich eine Wasserhand oder weiche Haut hat, kann sie sich auf sanfte, kollektive Art und Weise ausdrücken, z. B. als Mitglied in einem Chor.

Wenn der Apollofinger kurz ist, sind Kreativität und Beliebtheit nicht so wichtig wie Integrität und Selbstrespekt. Für Menschen mit kurzen Apollofingern ist Kontrolle ausschlaggebend für Leistung und die Kunst der Person dreht sich in der Regel um ihre eigene Erfahrung.

MERKURFINGER

Der Merkurfinger (kleine Finger) repräsentiert alle Aspekte der Kommunikation, darunter Körpersprache, Nuancen, Witz, verbale Geschicklichkeit und Anspielungen. Er steht auch für Geld und sexuelle Intimität. Ist er von durchschnittlicher Länge, liegt die Spitze auf einer Linie mit der höchsten Falte des benachbarten Fingers (Apollo). Wenn der Merkurfinger über diese Falte hinausragt, gilt er als überdurchschnittlich lang, und ist er kürzer, gilt er überdurchschnittlich kurz.

Ist der Merkurfinger länger als besagte Falte, verfügt die Person über eine hohe Sprachkompetenz, viel Liebe für Sprache, die Fähigkeit, tiefere Gefühle auszudrücken, und ein gutes finanzielles Verständnis. Menschen, die in den Bereichen Erziehung, Verkauf, Finanzen und Comedy arbeiten, haben in der Regel einen langen Merkurfinger.

Wenn der Merkurfinger kurz ist, besitzt die Person ein kindhaftes Wesen. Häufig kommt dieses Merkmal bei Menschen vor, die viele Kinder haben oder mit Kindern arbeiten. Personen mit kurzem Merkurfinger fällt es manchmal schwer, ihre tieferen Bedürfnisse und Gefühle auszudrücken, und sie haben womöglich ein Faible für sentimentale Musik und Fernsehserien. Oft sind sie unsicher in Bezug auf ihre Finanzen.

DAUMEN

Der Daumen ist zwar im Grunde genommen kein Finger, spielt aber beim Handlesen dennoch eine wichtige Rolle, da er auf Willensstärke, Selbstbeherrschung und persönlichen Antrieb hinweist. Der Daumen kann mit einem Steuer verglichen werden: Seine Länge und Beweglichkeit zeigen die Fähigkeit an, auf persönliche Ziele und Errungenschaften hinzusteuern. Je länger und steifer der Daumen ist, desto mehr Kraft hat die Person, persönliche Umstände zu meistern. Aus diesem Grund sind die Daumen von Sportlern und Selfmade-Geschäftsleuten immer lang und steif.

Die Länge des Daumens wird gemessen, indem man ihn neben den benachbarten Jupiterfinger (Zeigefinger) hält. Die Spitze sollte zwischen einem Drittel und der Hälfte des ersten Fingergliedes liegen. Ein Daumen, der über diesen Bereich hinausragt, verweist auf eine hohe Motivation, Selbstdisziplin und eine dominante Persönlichkeit. Bleibt der Daumen unterhalb dieses Bereichs, steht er für einen schwachen Willen und Antrieb. Menschen mit diesem Merkmal suchen sich oft Partner mit einem stärkeren Daumen, die sie motivieren und antreiben, sodass sie ihre Ziele erreichen.

Die Steifheit des Daumens wird überprüft, indem man den Daumen nach hinten zum Handgelenk biegt. In der Regel gibt es einen Bewegungsspielraum von mehreren Zentimetern, aber manchmal lässt sich der Daumen fast bis zum Handgelenk biegen. Wenn er sich überhaupt nicht nach hinten biegen lässt, handelt es sich um einen steifen Daumen. Menschen mit biegsamen Daumen hassen es, sich einer harten Disziplin zu unterwerfen und sind oft in den Bereichen Kunst, Schauspiel und Musik tätig. Sie sind freundlich, offen und ändern auch mal spontan ihre Pläne. Menschen mit steifen Daumen hingegen verschreiben sich rigoros einer Aufgabe. Sie sind überall zu finden, wo eine starke Arbeitsmoral gefragt ist.

FOKUS AUF DIE FINGERSPITZEN

Jetzt, da Sie die Merkmale jedes Fingers kennen, ist es an der Zeit, sich näher mit den Fingerspitzen zu befassen.

DIE FORMEN DER FINGERSPITZEN

Im Allgemeinen sind die Fingerspitzen rund; dies ist die normale, durchschnittliche Form. Manchmal sind die Fingerspitzen jedoch eckig, spitz oder spatelförmig; jede dieser Formen deutet auf eine bestimmte Art des Selbstausdrucks hin. Wenn die meisten Fingerspitzen einer Person eckig sind, verweist dies auf eine praktisch veranlagte, ordnungsliebende, pingelige Haltung. Alles muss an seinem Platz sein. Menschen mit spitzen Fingerspitzen sind unpraktisch veranlagt, verträumt und neigen zu spirituellen oder philosophischen Ideen.

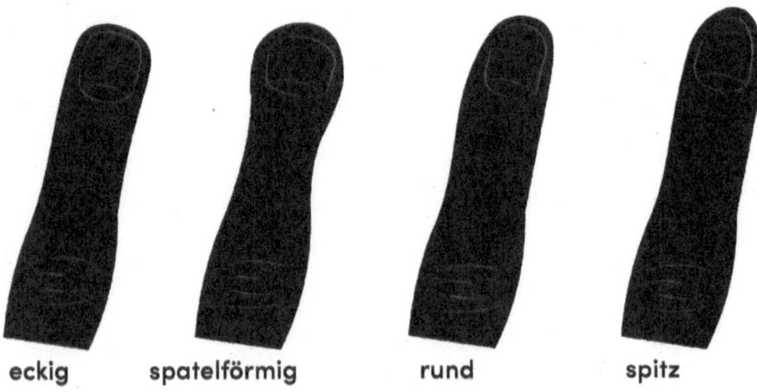

Spatelförmige Fingerspitzen, bei denen die Finger am Ende breiter werden, kommen bei leidenschaftlichen, energiegeladenen, ungeduldigen und intensiven Menschen vor.

FINGERNÄGEL

In der modernen Kunst des Handlesens wird die Form der Fingernägel nicht mehr als Hinweis auf die Persönlichkeit gewertet. Dennoch sind die Nägel ein nützlicher Indikator für die allgemeine Gesundheit.

Gesunde Nägel sind hellrosa und glänzen leicht. Rote Nägel deuten auf Bluthochdruck oder andere Kreislaufbeschwerden hin. Blaue Nägel verweisen wahrscheinlich auf eine Herz-Kreislauf-Erkrankung. Gelbe Nägel stehen für ein mögliches Leberleiden und blasse Nägel können ein Hinweis auf Blutarmut sein.

Wenn weiße Flecken auf den Nägeln zu sehen sind, leidet die Person womöglich unter einer hohen Stressbelastung oder Mineralstoffmangel. Feine, längliche Rillen werden mit einer Überfunktion der Nebennieren, rheumatischen Erkrankungen oder einem Ungleichgewicht der Schilddrüse in Verbindung gebracht. Horizontale Rillen kommen vor, wenn die Nägel wegen eines Unfalls oder einer Krankheit ihr Wachstum vorübergehend einstellen. Sehr dicke, rundliche Fingernägel deuten auf Atemwegsbeschwerden hin und brüchige Nägel auf einen Vitamin- und Mineralstoffmangel.

FINGERABDRÜCKE

Fingerabdrücke sind ein aufregender Aspekt der modernen Handlesekunst. Vor 50 Jahren wussten Handleser noch nicht, dass Fingerabdrücke von Bedeutung sein könnten. Allerdings hat die wissenschaftliche Forschung verblüffende Zusammenhänge zwischen Fingerabdrücken und bestimmten Denkweisen und -prozessen aufgedeckt. Die Muster auf unseren Fingerspitzen repräsentieren unsere logischen Denkmuster und sind eine wichtige Ergänzung für die Palette an Werkzeugen, die uns zur Verfügung stehen. Durch das Betrachten der gesamten Hand kann man verschiedene Persönlichkeitsmerkmale bestimmen, aber die Fingerabdrücke können oft unbewusste Denkmuster ans Licht bringen.

Es gibt kein persönlicheres und einzigartigeres Symbol von Ihnen als Ihre Fingerabdrücke. Die Polizei kann mithilfe von Fingerabdrücken Verbrecher identifizieren; die chinesischen Behörden untersuchten bereits in der Qin-Dynastie (221–206 v. Chr.) Tatorte auf Handabdrücke. Es ist ein weit verbreiteter Irrglaube, dass eineiige Zwillinge die gleichen Fingerabdrücke haben. Tatsächlich werden die Fingerabdrücke schon vor der Geburt geformt und winzige Unterschiede in der Umgebung – wie die Position des Fötus im Mutterleib – beeinflussen die sich entwickelnden Muster. Fingerabdrücke können der einzige Unterschied zwischen eineiigen Zwillingen sein. Da die Fingerabdrücke jedes Menschen einzigartig sind, werden sie auch heute noch in vielen Teilen der Welt von Analphabeten als Signatur verwendet.

Das Muster von Fingerabdrücken ändert sich nie, obwohl sie etwas verblassen können, wenn die Haut mit dem Alter dünner wird. Ihre Handlinien können zwar zeigen, wie Familie, Erziehung, Umwelt und andere Faktoren Ihre Persönlichkeit beeinflusst haben, aber sie werden sich im Lauf der Zeit verändern, ebenso wie Ihr Leben, Ihr Verhalten, Ihre Überzeugungen und Einstellungen. Ihre Fingerabdrücke hingegen sind unveränderlich und symbolisieren die Ihnen innewohnenden Charaktereigenschaften und die grundlegenden Funktionsweisen Ihrer Psyche. Allerdings sind diese Aspekte – wie alle Elemente des Handlesens – nicht isoliert, sondern im Gesamtkontext des Handlesens zu betrachten.

Fingerabdrücke sind bei jedem Menschen einzigartig, lassen sich aber in sechs Grundtypen unterteilen, wenn auch mit kleinen Abweichungen. Diese sechs Muster sind:

- ★ Ulnare Schleife
- ★ Radiale Schleife
- ★ Zusammengesetzte Schleife
- ★ Wirbel
- ★ Einfacher Bogen
- ★ Gespannter Bogen

Ulnare Schleife **Radiale Schleife** **Zusammengesetzte Schleife**

Wirbel **Einfacher Bogen** **Gespannter Bogen**

Bei den meisten Mustern von Fingerabdrücken (etwa zwei Dritteln) handelt es sich um ulnare Schleifen. Wenn Sie ulnare Schleifen sehen (entweder mit bloßem Auge oder unter einer Lupe), brauchen Sie sie nicht weiter zu analysieren, da dieses Muster so häufig vorkommt, dass es recht bedeutungslos ist. Bei allen *anderen* Abdrücken handelt es sich um aussagekräftige psychologische Indikatoren. Wenn Sie an einem der Finger etwas anderes als ulnare Schleifen sehen, sollten Sie die Person, aus deren Händen Sie lesen, immer auf die damit verbundenen Themen ansprechen.

Auf den folgenden Seiten werden wir sehen, wie alle sechs Muster zu erkennen sind, worauf jedes einzelne hinweist und wie sich die Lage auf die Bedeutung auswirken kann.

DIE SECHS MUSTER VON FINGERABDRÜCKEN

Im Folgenden sehen wir uns die Abdrücke von Fingern und Daumen genauer an und untersuchen die Merkmale der häufigsten Varianten.

ULNARE SCHLEIFE

Dies ist das am weitesten verbreitete Muster, weshalb wir es beim Handlesen ignorieren können. Die ulnare Schleife hat eine Wellenform, die zum Daumen zeigt, und deutet auf eine Mit-dem-Strom-schwimmen-Mentalität hin. Sie steht für eine empathische, gesellige, anpassungsfähige, empfängliche und beeinflussbare Persönlichkeit, die dazugehören möchte.

RADIALE SCHLEIFE

Dabei handelt es sich um dasselbe Muster wie bei der ulnaren Schleife, allerdings in die entgegengesetzte Richtung, die Schleife zeigt also nicht zum Daumen, sondern von ihm weg. Radiale Schleifen sind viel seltener als ulnare Schleifen und kommen in der Regel auf dem Jupiterfinger (Zeigefinger) vor. Dieses Muster ist bei Menschen zu finden, die extrem empfänglich für andere sind und überaus empfindlich auf Kritik reagieren. Es kann auf eine sehr defensive Persönlichkeit hindeuten, die viele Unsicherheiten und ein starkes Bedürfnis nach Bestätigung durch andere hat. Radiale Schleifen sind unter Pflegepersonal sehr verbreitet.

ZUSAMMENGESETZTE SCHLEIFE

Die zusammengesetzte Schleife wird von zwei Schleifen gebildet, die in entgegengesetzte Richtungen zeigen. Sie verweist auf Stimmungsschwankungen, die sich in Begeisterung, Enttäuschung und Launenhaftigkeit äußern können. Dieses Muster vereint zwei Fingerabdrücke in einem, d.h. die Person ist sich nie sicher und im Geist ständig gespalten. In den östlichen Gesellschaften wird das Kompositum als Zeichen für Spiritualität gesehen. Es fällt der Person in der Regel schwer, wichtige Lebensentscheidungen zu treffen. Zusammengesetzte Schleifen symbolisieren eine weise, nicht fanatische und universelle Weltsicht.

WIRBEL

Der Wirbel wird von mehreren immer kleiner werdenden Kreisen oder einem spiralförmigen Kern gebildet. Bei einer Unterkategorie, dem »Pfauenauge«, sind die Kreise von einer Schleife umschlungen. Wirbel kommen bei originellen, geheimnisvollen und fleißigen Menschen vor, die kein Gruppenbewusstsein haben. Der Wirbel verweist auf das Bedürfnis nach Raum und Freiheit; er ist ein Indikator für eine eigenwillige, talentierte, geheimnisvolle, selbstmotivierte und egozentrische Person.

EINFACHER BOGEN

Dieser besteht aus flach hügelförmig übereinander gestapelten Linien. Ein einfacher Bogen lässt auf eine tiefe, starre, materialistische und sture Lebenseinstellung schließen. Menschen mit einem oder mehreren einfachen Bögen sind sehr loyal, emotional zurückgezogen, treu, hartnäckig, praktisch und bescheiden.

GESPANNTER BOGEN

Diese Form bildet eine scharfe Spitze, die nach oben zeigt. Das Muster verweist auf den Drang, zu schockieren, zu überraschen und zu beeindrucken. Es steht für das Bedürfnis, Grenzen zu durchbrechen, hervorzustechen und bemerkt zu werden. Der gespannte Bogen verweist auf einen Charakter, der enthusiastisch, fanatisch, erregbar, intensiv, ruhelos und in gewisser Weise extrem ist.

DIE BEDEUTUNG DER ABDRÜCKE AUF DEN EINZELNEN FINGERN

Die zusammengesetzte und die radiale Schleife, der Wirbel, der einfache und gespannte Bogen ändern ihre Bedeutung entsprechend des Fingers, auf dem sie zu finden sind. Im Folgenden werden die häufigsten Varianten aufgeführt. Manche werden nicht erwähnt, da sie überaus selten vorkommen; z. B. findet sich ein gebogener Bogen nur auf einem von 2600 Merkurfingern.

ABDRÜCKE DES JUPITERFINGERS

Radiale Schleife: Verweist auf einen unsicheren, geselligen Menschen, der anderen gefallen will und ein Karrieremensch ist. Er re-

agiert empfindlich auf Kritik, kann gut Komplimente machen, ist überaus umgänglich und findet es schwer, Nein zu sagen.
Zusammengesetzte Schleife: Ein Zeichen für ständiges Zweifeln an Idealen, Identität und Zielen. Die Personen sind philosophisch, unparteiisch, immer in der Lage, die Standpunkte anderer zu verstehen, und gute Richter oder Rechtsanwältinnen.
Wirbel: Weist auf Schwierigkeiten hin, sich als Teil einer Gruppe zu fühlen. Die Person handelt und arbeitet gern allein, ist geheimnisvoll, originell, exzentrisch und braucht Raum und Freiheit.
Einfacher Bogen: Die Person ist pragmatisch, familienorientiert und eigensinnig. Sie mag keine Überheblichkeit, ist vorhersehbar, mag ihre Routinen und ist überaus treu, materialistisch und emotional zurückgezogen.
Gespannter Bogen: Weist auf ein erregbares, begeistertes, dramatisches, idealistisches, kreatives und rastloses Wesen hin. Personen mit einem gespannten Bogen brauchen Drama im Leben.

ABDRÜCKE DES SATURNFINGERS

Radiale Schleife: Diese Person ist sich unsicher, welcher Lebensweg und Beruf der richtige für sie ist. Sie ist extrem offen für andere Kulturen und Lebensweisen und passt sich leicht neuen Erfahrungen an. Sie kann dazu neigen, sich zu stark anzupassen oder überaus rebellisch zu sein.
Zusammengesetzte Schleife: Die Person ist sich immer unsicher, ob sie den richtigen Beruf gewählt hat und ändert oft ihre spirituellen und philosophischen Ansichten. Sie ist offen für andere Kulturen und Überzeugungen.
Wirbel: Die Person ist vielleicht fasziniert von nonkonformistischen Überzeugungen, Lebensstilen und Menschen und entscheidet sich oft dazu, gegen die Regeln zu verstoßen. Sie ist besessen von Frei-

heit, sowohl auf persönlicher als auch gesellschaftlicher Ebene, und hasst repressive Regime.
Einfacher Bogen: Verweist auf eine Person, die sich für einen sicheren, gut bezahlten Beruf entscheidet. Sie hat einen ausgeprägten Sinn für Fairness und Gerechtigkeit und ist von der Vergangenheit, der Natur und Traditionen fasziniert.

ABDRÜCKE DES APOLLOFINGERS

Wirbel: Deutet auf ein Talent für Design, Farbe und Stil hin. Die Person ist womöglich in Bezug auf ihren Kleidungsstil und in künstlerischer Hinsicht originell. Der Wirbel lässt auch auf ein gutes räumliches Vorstellungsvermögen und ein Talent für Ballspiele schließen.
Einfacher Bogen: Die Person neigt zu körperlichen Aktivitäten und Sport und liebt Kunsthandwerk oder andere ästhetische Formen, die als primitiv, naturalistisch oder historisch gelten.

ABDRÜCKE DES MERKURFINGERS

Wirbel: Er verweist auf geheimnisvolle, fleißige Menschen mit außergewöhnlichen Interessen und großem Fachwissen auf einem ungewöhnlichen Gebiet. Die Wahrscheinlichkeit ist hoch, dass sie sich Partner suchen, die sich in Bezug auf Alter, Kultur oder Hintergrund stark von ihnen unterscheiden.
Einfacher Bogen: Deutet oft auf eine Person hin, die in der Lehre tätig ist oder Kindern oder Erwachsenen beim Erlernen wichtiger Fähigkeiten hilft. Die Grundlagen und die Art der Kommunikation spielen eine wichtige Rolle. Die Person spricht nur sehr ungern über ihr Intimleben.

ABDRÜCKE DES DAUMENS

Zusammengesetzte Schleife: Der Person mag es aufgrund häufiger Gesinnungswandel schwerfallen, persönliche Verpflichtungen einzugehen. Sie ist leicht von etwas zu überzeugen oder abzubringen und sieht beide Seiten der Medaille. Bei Lebensentscheidungen ist sie immer gespalten.

Wirbel: Er verweist auf Macher – Menschen, die aus sich selbst heraus agieren, neue Konzepte und Erfindungen lieben, originell in ihrer Herangehensweise sind und die Dinge auf ihre Art tun.

Einfacher Bogen: Die Person ist pragmatisch, systematisch, stur, gründlich und praktisch. Dieses Merkmal ist oft ein Zeichen für handwerkliches Geschick und Skepsis gegenüber hochtrabenden Ideen.

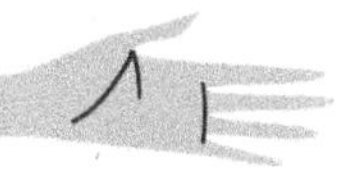

DAS WICHTIGSTE AUF EINEN BLICK

Wenn Sie sich einen ersten Eindruck von den Fingern der Person verschaffen, achten Sie auf ihre Länge, den Abstand zwischen den Fingern, die Beweglichkeit, die Fingerglieder, die Neigungen und die Position der Finger.

Jeder Finger wird in drei Phalangen unterteilt: den sinnlichen, den ausführenden und den abstrakten Bereich.

Aus der Richtung, in die ein Finger geneigt oder gekrümmt ist, lassen sich tiefenpsychologische Erkenntnisse ziehen.

Der kleine Finger setzt manchmal weiter unten an, was darauf hindeutet, dass die Person in Beziehungen nur langsam eine gewisse Reife entwickelt.

Der Jupiterfinger ist der wichtigste, da er das Ego und das Gefühl von Autorität und persönlicher Macht widerspiegelt.

Der Saturnfinger sollte die anderen Finger überragen, um fast die Hälfte des oberen Fingerglieds.

Beim Daumen geht's um Selbstbeherrschung und Willenskraft.

Die Fingerspitzen sind aussagekräftige Indikatoren für den Charakter und ein relativ neuer Aspekt der modernen Handlesekunst.

Im Allgemeinen sind Fingerspitzen rund, aber sie können auch eckig, spitz oder spatelförmig sein.

Im Idealfall sind die Fingernägel hellrosa, nicht brüchig und weisen weder Rillen noch Flecken auf.

Es gibt sechs bemerkenswerte Muster von Fingerabdrücken: die ulnare, radiale und zusammengesetzte Schleife, den Wirbel sowie den einfachen und gespannten Bogen.

Es ist wichtig, auf welchem Finger die einzelnen Muster zu finden sind, da sich ihre Bedeutung entsprechend verändert.

KAPITEL 3

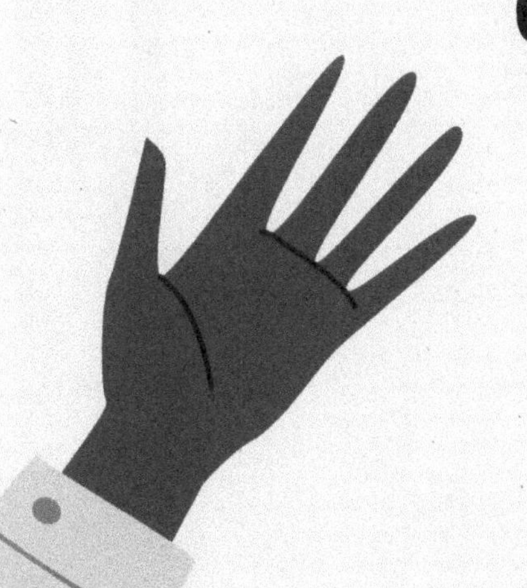

DIE HAUPTLINIEN

Es gibt vier Hauptlinien auf der Handfläche: die Lebens-, Herz-, Kopf- und Schicksalslinie. Sie sind in der einen oder anderen Form auf fast allen Händen sichtbar. In diesem Kapitel lernen Sie auch die Vierfingerfurche kennen, die eine Mischung aus Kopf- und Herzlinie ist.

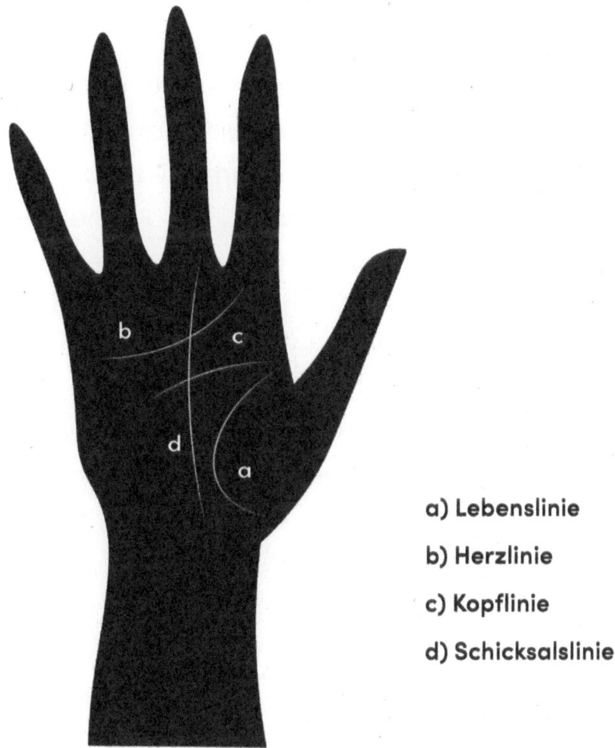

a) Lebenslinie

b) Herzlinie

c) Kopflinie

d) Schicksalslinie

Die Hauptlinien lassen auf die körperlichen, emotionalen, intellektuellen und richtungsweisenden Antriebe einer Person schließen. Jede Linie ist wie eine große Energieautobahn. Eine lange, klare und tiefe Linie verweist auf eine starke, dynamische Energie. Eine schwache, unterbrochene oder kurze Linie deutet auf eine Person hin, die in diesem Bereich Probleme hat. Die Hauptlinien verändern sich langsam im Lauf der Zeit. Es ist normal, über mindestens eine Hauptlinie zu verfügen, die nicht alle Qualitätskriterien erfüllt. Sie sollten die Linien immer im Kontext der jeweiligen Hand deuten. Dies ist sehr wichtig. Wenn die Schicksalslinie (die Ziele, Engagement und die Richtung im Leben repräsentiert) bei einer Erdhand mit rauer Haut überhaupt nicht vorkommt, stimmt dies mit dem Wesen der Erdperson überein: Sie nimmt gern eine traditionelle, handwerkliche Rolle im Leben ein und tritt in der Regel in die Fußstapfen der Eltern, weshalb diese Kombination kein Problem sein muss. Sollte die Schicksalslinie jedoch auf einer Lufthand mit trockener Haut fehlen, denkt die Person zu viel über ihre Optionen nach, ist auf ihrem Lebensweg ständig hin und her gerissen, probiert 38 verschiedene Jobs aus, verbringt sehr viel Zeit im falschen Beruf und wird sehr frustriert. Deshalb ist es bei der Beurteilung der Linien so wichtig, immer die größeren Themen zu beachten, die auf der Handfläche zu sehen sind.

Ein Handteller mit vielen verästelten Linien ist ein Zeichen für ein gestresstes, nervöses Wesen. Eine Hand, die lediglich die vier Hauptlinien aufweist, deutet auf einen ruhigen, fokussierten und unkomplizierten Charakter hin.

LEBENSLINIE

Die Lebenslinie beginnt über dem Daumen, verläuft nach unten, bildet einen Halbkreis um den Venusberg und endet an der Handwurzel. Diese Linie repräsentiert Körperlichkeit, Vitalität, Energie, Ausdauer, ein Gefühl von Sicherheit und Stabilität. Sie wird auch mit Homöostase (der Regulierung der Körperprozesse) und der Menge an verfügbaren Energiereserven in Verbindung gebracht.

Eine vollständige, tief gefurchte Linie deutet auf eine hohe Ausdauer, Vitalität und Energie hin und zeigt, dass die Person mit beiden Füßen fest im Leben steht. Eine starke Linie bedeutet, dass die wichtigsten Lebensstrukturen in Ordnung sind.

Eine kurze, schwache, blasse Linie auf der aktiven Hand weist auf ein ständiges Gefühl der Unsicherheit, einen unbeständigen Lebensstil, eine ängstliche Einstellung, wenig Energie oder das Gefühl hin, keine Unterstützung zu erhalten. Das Stresslevel ist wahrscheinlich hoch. Eine schwache, unterbrochene Lebenslinie auf der passiven Hand ist ein Zeichen für einen unsicheren Hintergrund und fehlende stabile Familienstrukturen.

Eine Lebenslinie, die eng am Daumenballen entlang und unterhalb des Jupiterfingers verläuft, weist auf eine zurückhaltende, ängstliche Persönlichkeit hin. Schwingt die Linie hingegen nach außen in Richtung Handmitte, ist dies ein Zeichen für Mut – die Person packt die Dinge voller Enthusiasmus an und ist immer auf der Suche nach neuen Erfahrungen.

Eine Linie, die an irgendeinem Punkt unterbrochen ist, deutet darauf hin, dass die Stabilität im Leben unterbrochen wird oder wurde, z. B. in Form von Scheidung, Auswanderung, Krankheit oder eines anderen destabilisierenden Ereignisses. Überprüfen Sie die Beschaffenheit der Linie nach dem Bruch – wenn sie stärker ist, wird das Leben besser; wenn sie schwächer ist, wird die Person länger brauchen, um sich zu erholen. Es ist ein Mythos, dass eine kurze Lebenslinie gleichbedeutend mit einer kurzen Lebensspanne wäre. Tatsächlich halten Menschen mit kurzen Lebenslinien oft aufgrund der für sie typischen Unsicherheit eine strenge Diät ein und leben am Ende länger als die meisten!

Die Zeitspanne lässt sich auf der Lebenslinie wie folgt berechnen: Die gesamte Länge der Linie bis zur Handwurzel entspricht 90 Jahren, die Hälfte der Linie 45 Jahren und so weiter. Wenn Sie einen Bruch oder eine Schwäche auf der Lebenslinie sehen, raten Sie der Person immer, auf eine ausgeglichene, gesunde Ernährung, ausreichend Schlaf, regelmäßigen Sport und ein stabiles Privatleben zu achten. Mit der Zeit kann sich so eine schwache oder durchbrochene Linie wieder verbessern.

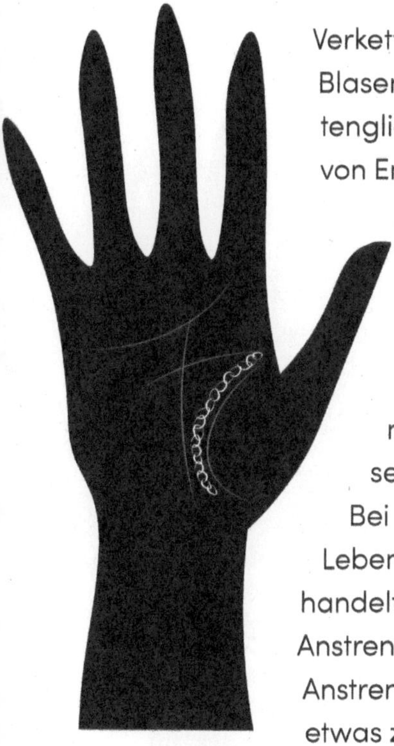

Verkettete Linien sind wie aneinandergereihte Blasen, die eine grobe Linie bilden. Inseln (Kettenglieder) auf der Linie deuten auf Perioden von Energiemangel und Unsicherheit hin – sie erscheinen häufig im Vorfeld einer Scheidung, Insolvenz oder Familienkrise. Auch hier sind gute, gesunde Routinen hilfreich.

Linien, die auf dem Venusberg beginnen und die Lebenslinie durchkreuzen, weisen auf familiären oder privaten Stress hin. Bei kleinen Linien, die von dem oberen Teil der Lebenslinie aus zum Jupiterfinger hin verlaufen, handelt es sich um die sogenannten »Linien der Anstrengung«. Je länger und stärker die Linien der Anstrengung sind, desto motivierter ist die Person, etwas zu erreichen – ein Zeichen für ein erfolgreiches, ehrgeiziges Temperament.

Gelegentlich erscheint die Lebenslinie doppelt und beide Linien verlaufen parallel zueinander. Dies verweist auf eine dynamische, reiselustige Persönlichkeit – einen Menschen, der zwei Wurzeln, Länder oder Kulturen hat.

HERZLINIE

Die Herzlinie ist nicht nur ein Indikator für die Fähigkeit, zu lieben, sich mit anderen zu verbinden und Beziehungen aufzubauen, sondern auch für die Fähigkeit, Gefühle auszudrücken. Wenn diese Linie schwach ist, wirkt sich dies auf die Fähigkeit der Person aus, Freude zu empfinden oder sich von der Natur, Schönheit, Kunst oder Spiritualität inspirieren zu lassen. Wenn diese Linie vollkommen fehlt (was nur extrem selten vorkommt), wird die Person Probleme haben, Gefühle auszudrücken und eine Verbindung zu anderen herzustellen.

Die Herzlinie beginnt unter dem Merkurfinger, verläuft unter den anderen Fingern entlang und endet unterhalb des Jupiter- oder Saturnfingers. Die Linie kann gerade oder nach oben gebogen sein, gelegentlich ist sie auch nach unten gebogen.

Die Beschaffenheit der Linie entspricht dem emotionalen Zustand der Person. Schwache, unterbrochene Linien mit kleinen Inseln zeigen, dass sie sich nicht rückhaltlos auf Beziehungen einlassen kann und komplexe, konfuse Gefühle hat. Menschen mit einer schwach ausgeprägten Herzlinie fühlen sich abgeschnitten und sind leicht verletzbar. Durch eine Betätigung im Bereich der darstellenden Künste wie Tanz und Musik kann eine schwache Linie recht schnell verbessert werden.

Menschen mit geraden Herzlinien sind emotional unkompliziert. Sie sind nicht romantisch veranlagt – im überschwänglichen, ausdrucksstarken, idealistischen Sinn –, sondern eher praktisch und bedacht. Wenn die Linie gerade ist und unter dem Saturnfinger endet, ist die Person emotional ausgeglichen und in einer Beziehung hauptsächlich auf Treue, Finanzen und andere praktische Dinge ausgerichtet. Eine Person mit einer geraden Herzlinie, die unter dem Jupiterfinger endet, drückt ihre Liebe durch Geschenke oder Handlungen aus. Sie verspürt einen starken Widerwillen, sich auf emotionale »Szenen« mit Tränen und Wutausbrüchen einzulassen. Eine gerade Herzlinie, die sich vom Merkur- bis zum Jupiterfinger über die gesamte Handfläche erstreckt, weist darauf hin, dass die Person ihre romantische Beziehung für die Bedürfnisse anderer opfert. Dies kommt häufig bei Pflegepersonal, Heilenden, Ärztinnen und Therapeuten vor; Beziehungen werden häufig zu traumatisierten und bedürftigen Menschen geknüpft.

Personen mit nach oben gebogenen Herzlinien sind ausdrucksstark, überschwänglich und zeigen ihre Gefühle. Wenn sich die Linie zum Saturnfinger hin neigt, ist die Person ausdrucksstark, aber in romantischer Hinsicht nicht sehr abenteuerliebend. Eine zum Jupiterfinger hin gebogene Linie verrät eine idealistische, überaus romantische Natur, deren Liebe im Zeichen persönlicher Visionen und Erwartungen steht. Allzu häufig werden Partner auf ein unrealistisch hohes Podest gestellt, von dem sie dann wieder herunterfallen. Eine Herzlinie, die zwischen Mittel- und Zeigefinger endet, kann auf eine gute Balance zwischen Ausdrucksstärke und Idealismus verweisen.

Nach unten gebogene Herzlinien deuten auf die Erwartung oder die tatsächliche Erfahrung eines romantischen Verlusts hin und auf eine Abneigung, sich in traditionelle Gender-Rollen einzuordnen, sowohl was das Erscheinungsbild als auch das Auftreten betrifft.

Nach unten gerichtete Verzweigungen, die am Ende der Herzlinie auftauchen, stehen für Enttäuschung und Verlust. Wenn die Verzweigungen auf der Lebenslinie oder kurz davor enden, stellt Eifersucht ein häufiges Problem dar.

Abgetrennte Bereiche der Herzlinie, die über dem Ende der Linie verlaufen, lassen auf die Fähigkeit schließen, sich von einer optimistischen, leidenschaftlichen Seite zu zeigen, aber nur in der Öffentlichkeit. Oft hat die Herzlinie mehrere Endungen, z. B. in Form eines abgetrennten Bereichs, der über dem Ende der Linie verläuft, eines absteigenden Bereichs hin zur Lebenslinie und einer Abzweigung, die sich zum Jupiterfinger erstreckt. Dies spiegelt die Verwirrung und Komplexität wider, die heutzutage mit emotionalen Erfahrungen einhergehen, wobei unterdrückte Unsicherheit, falsche Überschwänglichkeit und Romantik miteinander vermischt sind.

Ironischerweise findet man eine klare, lange, nach oben gebogene Herzlinie oft bei Langzeitsingles, wohingegen eine schwach ausgeprägte Herzlinie häufig bei Menschen vorkommt, die irgendeine Art von Beziehung führen. Der Grund hierfür ist, dass diejenigen mit einer stark ausgeprägten Linie sehr gefühlvoll und ausdrucksstark und dazu bereit sind, möglicherweise jahrelang auf die Person zu warten, die zu ihnen passt und ihre Leidenschaften teilt. Menschen mit einer schwachen, unterbrochenen Herzlinie mit Inseln und anderen Furchen sehnen sich nach emotionaler Bindung und es fällt ihnen schwer, allein zu sein; dies wird kompensiert, indem sie in (manchmal unbefriedigenden) Beziehungen bleiben.

KOPFLINIE

Die Kopflinie ist ein extrem bedeutender Indikator für die Art und Weise, wie wir denken und Informationen verarbeiten. Die Beschaffenheit der Linie steht für mentalen Fokus. Bei einer verschwommenen, unterbrochenen und schwachen Linie ist der Geist nicht klar, sondern zerstreut. Eine klare, scharfe Linie weist auf überaus fokussierte Denkprozesse hin.

Die Kopflinie beginnt nahe dem oberen Ende der Lebenslinie und verläuft über die Mitte der Handfläche. Manchmal liegt sie am Anfang sogar auf der Lebenslinie. Wenn die Kopflinie auf mehr als 2 cm mit der Lebenslinie verschmolzen ist, deutet dies auf ein geringes Selbstbewusstsein, Vorsicht und den Widerwillen hin, sich aus Vertrautem herauszubewegen. Möglicherweise lässt die Person andere für sich entscheiden. Auf der passiven Hand ist dies ein Zeichen für dominante Eltern. Besteht hingegen eine mehr als 1 cm große Lücke zwischen dem oberen Ende der Lebenslinie und dem Beginn der Kopflinie, weist dies auf Unabhängigkeit und Vertrauen in die eigenen Überzeugungen, hohe Ambitionen und starke moralische Prinzipien hin. Häufig lässt eine große Lücke darauf schließen, dass sich die Person dazu auserkoren sieht, etwas Großes zu erreichen.

Je länger die Kopflinie ist, desto mehr grübelt die Person im Vorfeld einer Entscheidung nach. Eine gerade Kopflinie, die sich über die gesamte Handfläche bis zur anderen Seite erstreckt, verweist auf einen unsentimentalen, analytischen Charakter sowie eine hohe Intelligenz und nervliche Anspannung. Menschen mit langen, geraden Linien (die unter dem Merkurfinger enden) sind philosophisch, sachlich, rational und vorausschauend und denken ständig über ihre verschiedenen Möglichkeiten nach. Beraterinnen haben fast immer lange Kopflinien. Personen mit kurzen, geraden Kopflinien, die nicht über den Saturnfinger hinausreichen, sind entschlussfreudig, pragmatisch und handlungsorientiert – sie sind sehr gut darin, ihre gesamte Energie in ihre Karriere und Ziele zu stecken. Sie interessieren sich nur wenig für den Intellekt, sind aber sehr engagiert bei der Umsetzung und Verwirklichung ihrer Ideen, weshalb sie in der Regel erst handeln und dann denken.

Menschen mit gebogenen Kopflinien sind flexibler, fantasievoller und irrationaler als jene mit geraden Kopflinien. Ihr Geist ist beweglicher und bei Problemen fallen ihnen in der Regel verschiedene Lösungsansätze ein. Sie verstehen, dass die Wahrheit oft eine Frage der Perspektive ist. Eine gebogene Kopflinie, die in den oberen Teil des Mondbergs hineinragt, ist ein Zeichen für einen kreativen, flexiblen Ansatz. Dies deutet auf eine Person hin, die Projekte und Ziele mit einer persönlichen Vision verbindet und deren Handlungen und Umgebung ein Ausdruck ihres Talents sind. Ihre mentale Einstellung ist sentimental und von Gefühlen, Träumen und Erinnerungen geprägt. Wenn die Kopflinie *sehr* gebogen ist und sich scharf nach unten zur Basis des Mondbergs hin wölbt, deutet dies auf eine überaus subjektive Sicht auf andere Menschen und die Welt im Allgemeinen hin. Diese Person ist sehr gut darin, den emotionalen Gehalt von Poesie zu erfassen oder die tieferen Bereiche der Seele zu ergründen, doch sie kann sehr launenhaft, introvertiert und nachtragend sein. Es kann ihr auch an Objektivität und Besonnenheit mangeln.

Verzweigungen am Ende der Kopflinie stehen für kreatives Talent und inspirierte Ideen. Sie deuten auf eine vielseitige Persönlichkeit hin.

Wenn die Kopflinien auf der aktiven und passiven Hand auffallend unterschiedlich sind, kann ein überraschender Unterschied zwischen der inneren und äußeren Persönlichkeit bestehen. Betrachten Sie die Kopflinie immer zusammen mit der Hautbeschaffenheit, der Form der Handfläche und der Fingerlänge. Wenn Sie aus einer Erdhand mit rauer Haut und kurzen Fingern lesen, fällt eine lange, klare Kopflinie nicht weiter ins Gewicht: Sie haben es mit einem robusten, praktischen Outdoor-Typen zu tun, der sich nicht für die Feinheiten der akademischen Welt interessiert.

Nach der Betrachtung der Kopflinie würde ich immer empfehlen, sich etwas Zeit zu nehmen, um die Kopf- mit der Herzlinie zu vergleichen. Wenn die Herzlinie stärker, tiefer und deutlicher auf der Handinnenseite zu sehen ist als die Kopflinie, wird die Persönlichkeit von Gefühlen dominiert. Unabhängig davon, wie zart und deutlich die Kopflinie ist – es wird Zeiten geben, in denen die Person hochgradig irrational ist. Eine dominante Herzlinie deutet darauf hin, dass Denkprozesse stark von Leidenschaften und Gefühlen beeinflusst werden. Bei einer stärker ausgeprägten Kopflinie hingegen ist die Person nicht herz-, sondern kopfgesteuert.

Inseln kommen selten auf der Kopflinie vor, doch falls sie vorhanden sind, lassen sie darauf schließen, dass die Person gestresst, psychisch labil und schnell überlastet ist. Dies ist häufig ein Indikator für eine Person mit einer hohen geistigen Leistungsfähigkeit, die auf ein bestimmtes Fachgebiet spezialisiert ist, aber leicht obsessiv werden kann und die Dinge unverhältnismäßig aufbläht.

Die Kopflinie gehört zu den Handlinien, die sich am schnellsten verändern können, wohingegen sich die Lebenslinie in der Regel am langsamsten verändert. Es ist faszinierend zu sehen, wie eine Insel auf der Kopflinie langsam verblasst und kleiner wird, wenn die Person einen Meditationskurs besucht oder sich mehrere Monate lang freinimmt, um Stress abzubauen. Ebenso wird die Kopflinie deutlich länger, wenn jemand einen lernintensiven Kurs belegt, z. B. im Rahmen eines Universitätsstudiums.

VIERFINGERFURCHE

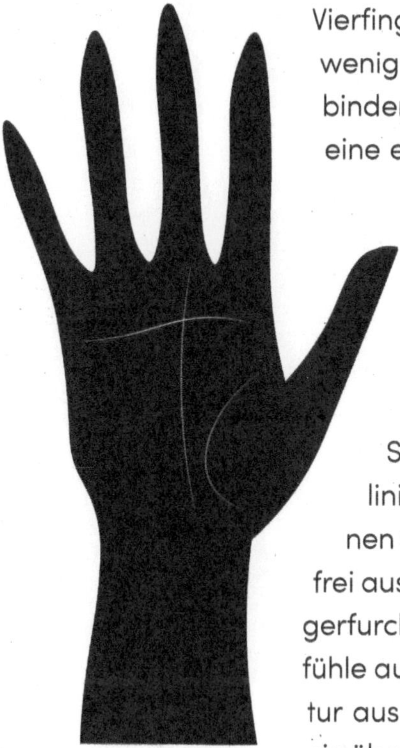

Vierfingerfurchen kommen sehr selten vor (bei weniger als 1 % der Handflächen). Dabei verbinden sich die Kopf- und Herzlinie und bilden eine einzige Linie, die quer über die Handfläche verläuft. Vierfingerfurchen sind ein Hinweis auf eine unbeirrbare, intensive Persönlichkeit mit kontrollierten Leidenschaften – eine überaus fokussierte Person. In der Handlesekunst wird sie auch der »leise wütende Sturm« genannt. Da die Kopf- und Herzlinie miteinander verschmolzen sind, können weder Gefühle noch Ansichten offen und frei ausgedrückt werden. Menschen mit Vierfingerfurchen richten alle ihre Gedanken und Gefühle auf ihre Handlungen aus und sind von Natur aus extrem obsessiv. In der Regel verfügen sie über eine phänomenale Ausdauer und einen unvergleichlichen Antrieb. Sie können zugleich charmant und rücksichtslos sein. Lassen Sie sich von ihrer immerzu ruhigen und kontrollierten Fassade nicht hinters Licht führen, sie empfinden stets einen großen inneren Druck.

SCHICKSALSLINIE

Von den Handlinien ist die Schicksalslinie für angehende Handleserinnen in der Regel am schwersten zu erkennen. Sehr häufig bildet sich diese Linie erst im Erwachsenenalter, in den Zwanzigern heraus. Es ist kein Problem, wenn die Linie bei einem Kind fehlt, doch wenn sie bei einer Person fehlt, die Ende zwanzig oder älter ist, deutet dies auf eine ungelöste Aufgabe hin.

Die Schicksalslinie verläuft senkrecht durch die Mitte der Hand zum Ansatz des Saturnfingers. Sie wird häufig die »Lebensweglinie« genannt, da sie ein wichtiger Indikator dafür ist, ob wir unsere Bestimmung im Leben gefunden haben. Sie verweist auf unseren Charakter, unsere Arbeitsmoral, unsere persönlichen Ziele und Absichten und unseren Individualitätssinn. Wenn die Linie fehlt, lässt dies auf einen schwachen Identitätssinn oder einen Mangel an persönlichen Zielen schließen. Es fehlt an Engagement und Ausrichtung, vielmehr wird die Person durch Freundinnen oder Eltern motiviert. Eine blasse, schwache, unterbrochene Linie zeigt, dass sich die Person noch nicht gefunden hat und sich unerfüllt fühlt.

Diese Linie bildet sich aus, wenn man von prägenden Einflüssen getrennt wird und in der Lage ist, tief in sich hineinzuschauen, um die eigenen Leidenschaften und Absichten zu entdecken.

Eine an der Handwurzel beginnende Linie weist darauf hin, dass man schon früh im Leben ein Verantwortungsgefühl entwickelt hat;

wahrscheinlich hat man fernab von zu Hause eine wichtige Rolle eingenommen und ein starkes Pflichtbewusstsein gespürt – der klassische Fall eines Menschen, der »sehr reif für sein Alter« ist.

Häufig beginnt die Linie erst weiter oben auf der Handfläche, nahe der Kopflinie. Dies lässt auf einen Menschen schließen, der erst richtig in seinen Dreißigern zu leben begann, als er sich über seine Arbeit und seine Richtung im Leben klar wurde. Je später sich die Linie entwickelt, desto länger hat die Person gebraucht, ein Gefühl der Sinnhaftigkeit zu entwickeln.

Wenn die Schicksalslinie auf dem Berg des Mondes beginnt, ist dies ein sicheres Zeichen dafür, dass sich die Arbeit und Lebensweise der Person stark von den Wünschen ihrer Familie unterscheidet. Beginnt die Linie hingegen auf der Lebenslinie, deutet dies darauf hin, dass die Familie Lebensentscheidungen der Person immer beeinflussen wird und ihre Arbeit auf ihrem Bedürfnis nach Sicherheit und Stabilität basiert.

Vollständige Linien, die von der Handwurzel bis zum Ansatz des Saturnfingers reichen, verweisen auf ein stark ausgeprägtes Pflichtbewusstsein. Sie sind ein Zeichen für einen Menschen, der sich das Leben schwer macht, indem er zu viel Verantwortung übernimmt, und kommen häufig bei Anwälten, Managerinnen, überbehütenden Eltern, Finanzberatern sowie im Militär und anderen Bereichen vor, in denen Uniform getragen wird.

Manchmal ist die Schicksalslinie keine einzelne Linie, sondern erscheint doppelt, sodass zwei Linien senkrecht nebeneinander über die Handfläche verlaufen. Dies deutet auf eine Person hin, die zwei Seiten ihrer Persönlichkeit mit jeweils unterschiedlichen Interessen, Freundinnen und Lebensstilen ausleben kann. Je größer der Abstand zwischen den Linien ist, desto weiter sind die beiden Seiten der Persönlichkeit voneinander entfernt.

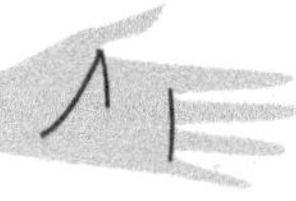

DAS WICHTIGSTE AUF EINEN BLICK

Es gibt vier Hauptlinien auf der Handfläche: die Lebens-, die Herz-, die Kopf- und die Schicksalslinie.

Starke, tiefe Linien stehen für starke, tiefe Energie, schwache Linien hingegen für schwache Energie.

Die Hauptlinien verändern sich im Lauf der Zeit, genauso wie wir.

Bewerten Sie die Linien immer im Gesamtkontext der Hand.

Bei der Lebenslinie geht es um Sicherheit und Stabilität.

Die Herzlinie ist ein Indikator für die Fähigkeit, Gefühle auszudrücken.

Die Kopflinie deutet darauf hin, wie wir Informationen mental verarbeiten – ob wir besonnen oder wechselhaft, intuitiv oder faktenbasiert sind.

Die Vierfingerfurche entsteht, wenn die Kopf- und Herzlinie zu einer Linie verschmelzen.

Menschen mit Vierfingerfurchen können sehr intensiv und fokussiert sein und stehen oft unter großem Druck.

Die Schicksalslinie ist am schwersten zu erkennen und weist auf unsere Werte und Ziele hin.

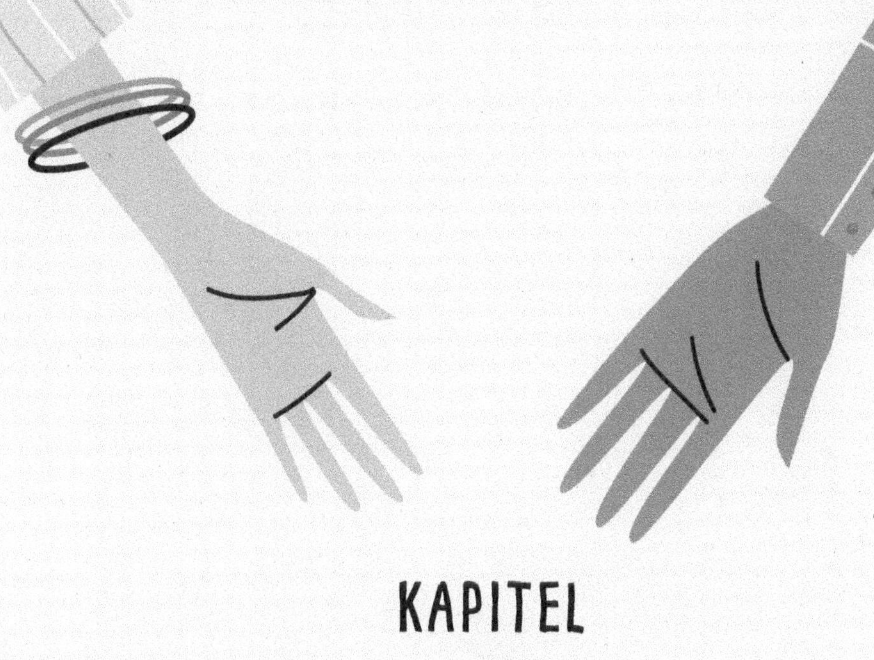

KAPITEL 4

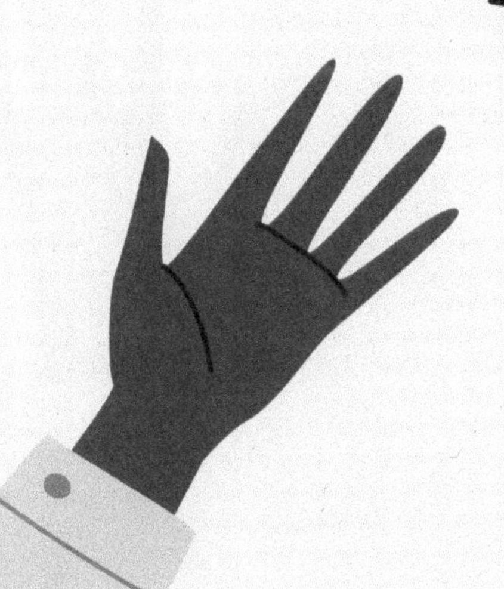

DIE NEBENLINIEN

Die Nebenlinien sind viel blasser, verästelter, veränderlicher und undeutlicher als die Hauptlinien. Sie weisen auf spezifische Antriebe, Talente oder Charakterzüge hin, die beim Handlesen besonders deutlich hervortreten können. Nur sehr wenige Menschen verfügen über alle Nebenlinien – manche haben sogar gar keine. Da sie so individuell sind und die Komplexität und Einzigartigkeit der menschlichen Natur aufzeigen, verändern sich Nebenlinien sehr schnell; sie können innerhalb weniger Monate verschwinden und wieder auftauchen.

In diesem Kapitel lernen Sie einige Nebenlinien kennen, auf die Sie beim Handlesen stoßen könnten.

APOLLOLINIE

Die Apollolinie ist schwach und fadenförmig und verläuft senkrecht unter dem Apollofinger. Auf dem Apolloberg ist diese Linie fast immer sichtbar, doch beim Handlesen ist sie nur von Bedeutung, wenn sie mindestens 2,5 cm über die Herzlinie hinausragt. In diesem Fall kann die Linie als ein Indikator für Zufriedenheit gewertet werden, weil sie nur dann erscheint, wenn wir ein ruhiges Innenleben haben und mit unserem Los im Leben zufrieden sind. Dies ist immer ein positives Zeichen. Je länger die Linie, desto zufriedener ist die Person. Menschen mit einer ausgeprägten Apollolinie schätzen ihre eigene Gesellschaft und fühlen sich oft mit einer höheren Kraft verbunden. Sie kommt bei Personen vor, die vollkommen in einer Aktivität aufgehen können, meist im Bereich der Kunst, in einer Therapie oder bei einer Praxis, die sich auf das Wohlbefinden auswirkt.

INTUITIONSLINIE

Die Intuitionslinie ist sehr selten. Es handelt sich um eine bogenförmige Linie, die unterhalb des Merkurfingers auf der ulnaren Seite der Handfläche verläuft. Sie steht für intuitive Kraft, Einsicht und die Fähigkeit, Phänomene zu sehen und zu spüren, die über das rein Rationale hinausgehen. Sie kommt stets bei medial veranlagten Personen und Hellseherinnen vor.

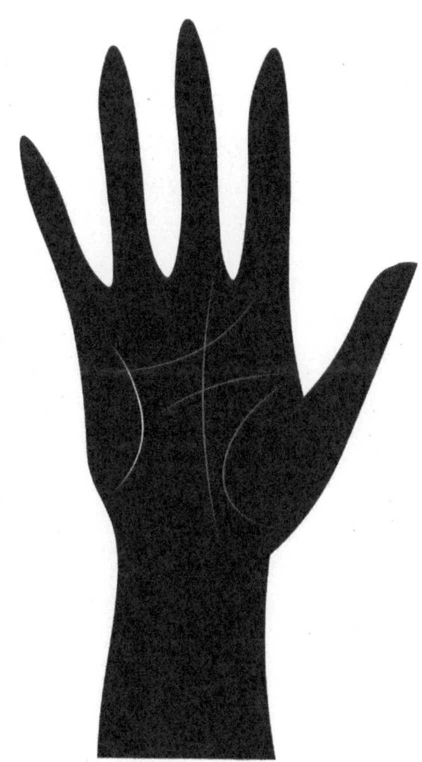

MARSLINIE

Die Marslinie liegt über dem Daumen und innerhalb des Bogens der Lebenslinie. Wenn die Marslinie sichtbar ist, ist sie in neun von zehn Fällen schwach und kurz – weniger als 2,5 cm lang –, was kein Grund zur Sorge ist. Wenn sie jedoch lang – länger als 2,5 cm – ist und darüber hinaus noch rot und tief, weist sie auf einen wettbewerbsorientierten, harten Charakterzug hin. Sie steht für einen starken, energischen Antrieb und zeigt, dass die Person immer offen für Herausforderungen ist. Eine starke Marslinie ist unter Sportlern weit verbreitet, besonders im Kampfsport. Wenn diese Linie stark ausgeprägt ist, besteht stets der Wunsch, sich an die eigenen Grenzen zu bringen. Manchmal gibt es eine zarte Linie, die die Kopf- und Marslinie miteinander verbindet; sie kommt zwar selten vor, deutet jedoch auf eine Person hin, die streitlustig oder schnell beleidigt ist.

GESUNDHEITSLINIE

Hierbei handelt es sich um eine einzelne Linie oder mehrere verästelte Linien, die von der Handwurzel senkrecht zum Berg des Merkur verlaufen. Sie ist eng mit der Aktivität des Vagusnervs verbunden, der die Verdauung und die Atmung steuert. Die Gesundheitslinie ist fast immer schwach ausgeprägt und nimmt mit dem Alter ab. Je tiefer und unterbrochener sie ist, desto mehr Körperprozesse sind betroffen. Eine deutliche, zarte einzelne Linie (wie sie es nur sehr selten gibt) verweist auf einen einfallsreichen, originellen Geist und eine hervorragende Verbindung zwischen Körper und Geist. Sie ist typisch für Yoga-, Tai-Chi- und Meditationsübende, ebenso wie für originelle Denkerinnen.

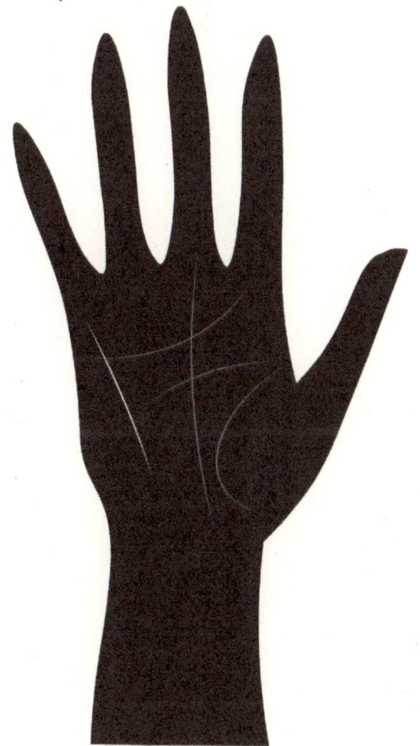

VIA LASCIVIA

Hierbei handelt es sich um eine gebogene Linie, die an der Basis des Mondbergs entlang verläuft. Die Via-Lascivia-Linie verweist auf eine Person, die von Wachmachern und dynamischen Sportroutinen fasziniert ist, ebenso von Erfahrungen, die einen körperlichen Rausch auslösen. Die Via Lascivia ist auch ein Indikator für intensive Reaktionen auf Rauschmittel. Wenn Sie diese Linie beim Handlesen entdecken, sollten Sie der Person raten, einen Allergietest durchführen zu lassen.

VENUSGÜRTEL

Der Venusgürtel ist eine horizontale Linie, die über der Herzlinie verläuft. Er kommt nur selten in vollständiger Form vor und ist in der Regel fragmentiert. Er lässt auf eine Persönlichkeit schließen, die stets das nächste High sucht, sei es in Form von Alkohol, Drogen oder Partys. Bei einer Handfläche mit dicker Haut kann der Venusgürtel auf einen Charakter hindeuten, der in sinnlicher und sexueller Hinsicht experimentierfreudig ist, bei einer Handfläche mit sensiblerer, dünnerer Haut auf einen Menschen, der Kunst liebt oder stets um Perfektion bemüht ist. Der Gürtel der Venus ist immer ein Zeichen für eine Vorliebe für das Luxuriöse und Exotische.

Der Venusgürtel lässt – wann immer er erscheint – darauf schließen, dass sich die Person zum Magischen, Mystischen und Exotischen hingezogen fühlt. Spirituell Suchende und Visionäre verfügen immer über einen ausgeprägten Venusgürtel. Je stärker die Linie, desto größer ist das Bedürfnis, der Wirklichkeit zu entfliehen, und desto schwieriger ist es, sich auf die Alltagswelt zu beschränken. Ein fragmentierter Venusgürtel verweist auf eine unbeständige, nervöse Person, die stets auf der Suche nach dem nächsten Rausch ist und versucht, den Kopf freizubekommen.

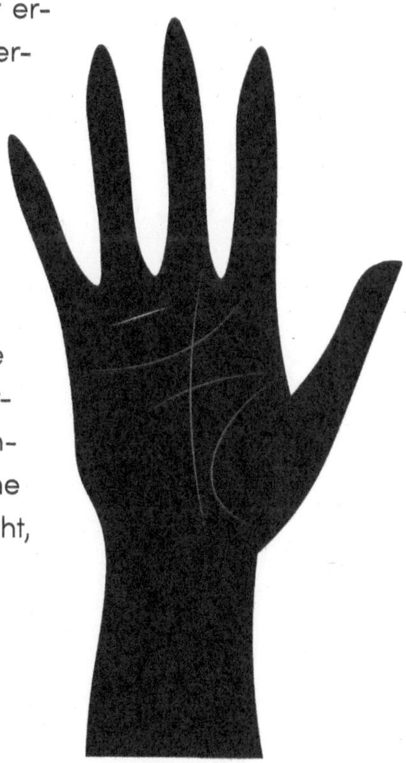

SALOMONRING

Der Salomonring ist eine sehr feine Linie, die den Ansatz des Jupiterfingers umschließt. Er verweist auf eine Faszination für Psychologie und eine tiefe Einsicht in die Persönlichkeiten anderer. Oft ist er auf den Handflächen von psychologischen Beratern, Psychologinnen und guten Zuhörerinnen zu finden.

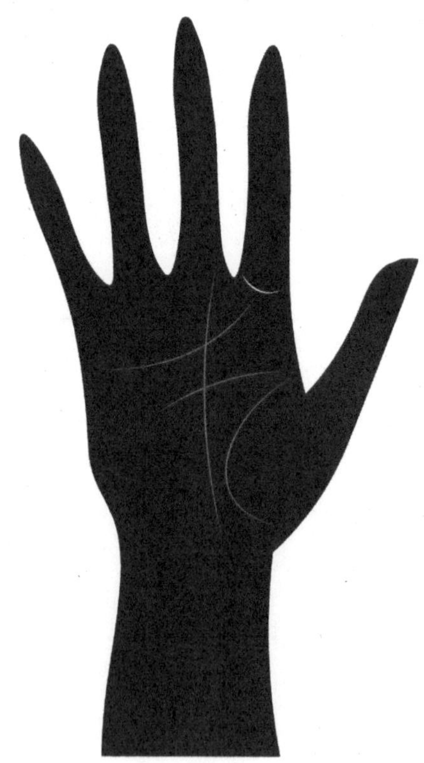

REISELINIEN

Reiselinien sind Verzweigungen am unteren Ende der Lebenslinie, die sich zur Basis des Mondbergs hin erstrecken. In der Regel erscheinen sie als mehrere Linien. Reiselinien deuten nicht nur auf eine unbändige Reiselust hin, sondern auch auf das Bedürfnis nach Abwechslung und einen Widerwillen, sich zu viele Verpflichtungen aufzubürden, die einen an das eigene Zuhause binden. Je mehr Reiselinien Sie entdecken, desto rastloser ist die Person, obwohl nur selten mehr als drei Reiselinien zu sehen sind.

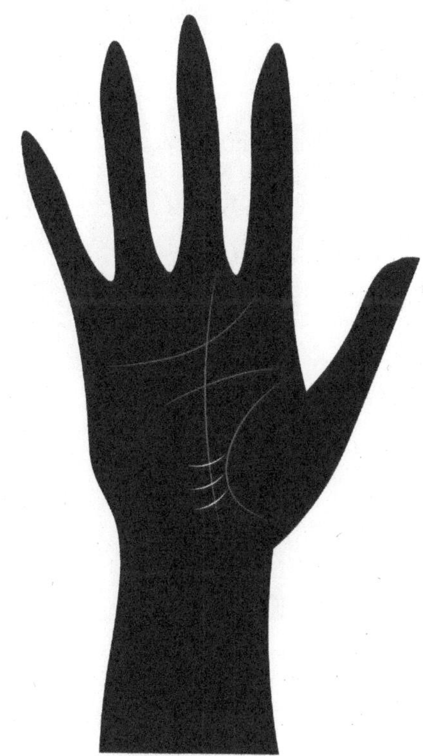

LEHRERQUADRAT

Ein Lehrerquadrat ist kein perfektes Quadrat, sondern besteht aus vier Linien, die auf dem Berg des Jupiter ein grobes Quadrat bilden. Dieses Zeichen verweist auf die Veranlagung, andere anzuleiten, zu inspirieren, anzuweisen und das Beste aus ihnen herauszuholen.

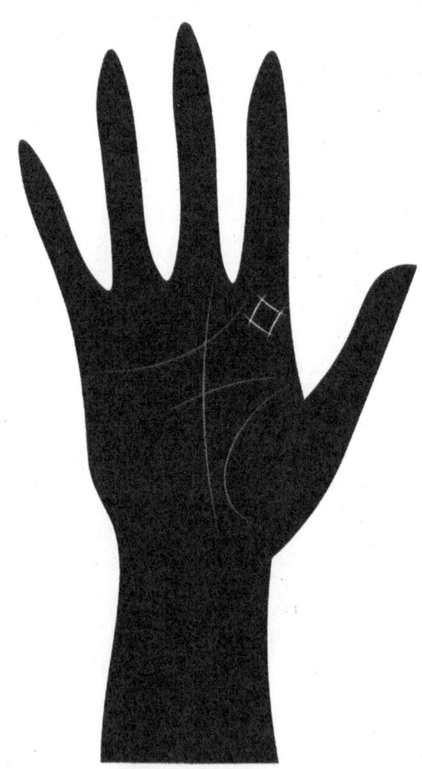

LEIDENSCHAFTSLINIE

Die Leidenschaftslinie verläuft schräg von der Herzlinie zum Berg des Merkur. Sie verweist auf eine sehr visuelle und fantasievolle Sexualität. Menschen mit dieser Linie wählen ihre Partner vor allem aufgrund ihrer sexuellen Anziehungskraft aus. Sie werden immer ein lebhaftes Sexleben haben, sind experimentierfreudiger und fasziniert von erotischen Bildern oder Literatur – und konsumieren sie wahrscheinlich. Die Linie weist nicht zwangsläufig auf eine hohe Libido hin, jedoch immer auf sexuelle Neugier.

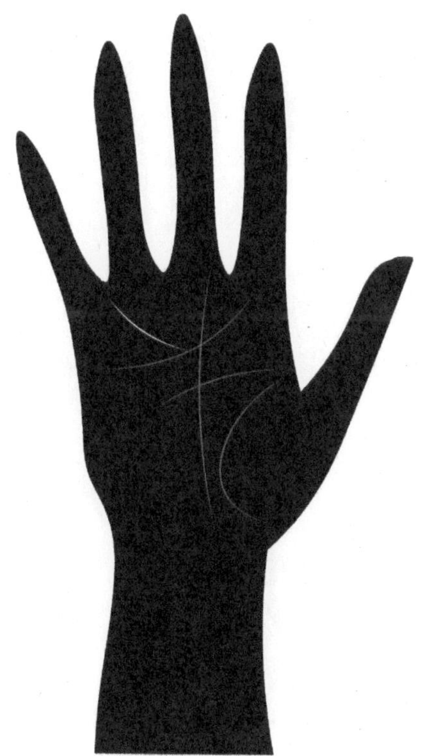

NATURSCHLEIFE

Die Naturschleife entsteht durch die Hautleisten, die eine Schleife auf dem Rand des Mondbergs bilden, die nach außen zeigt. Sie deutet auf eine Person hin, die sich gern im Freien und in der Natur aufhält. Sie wurde auch mit der Fähigkeit in Verbindung gebracht, Dinge aufzuspüren und zu heilen, ebenso wie mit einer Faszination für Mysteriöses und Verborgenes.

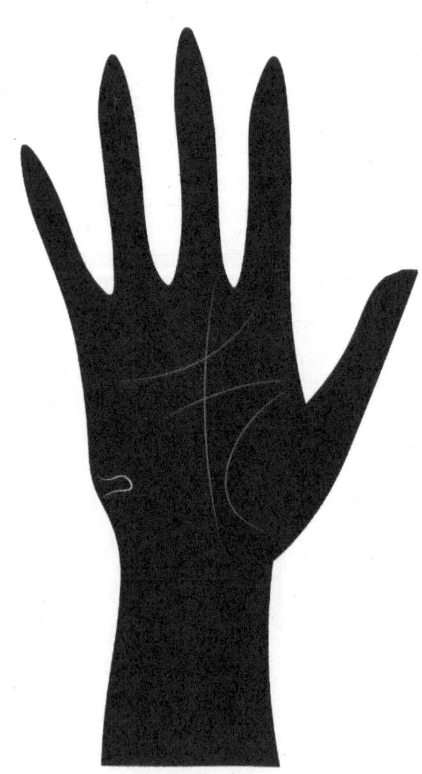

SENSIBILITÄTSSCHLEIFE

Die Sensibilitätsschleife liegt auf dem Berg des Mondes, zeigt nach innen und ist weit verbreitet. Sie deutet auf ein erhöhtes Bewusstsein hin, eine Art sechsten Sinn. Die Person kann unterschwellige Energien in der Atmosphäre wahrnehmen und ist in ihren Beziehungen sehr intuitiv. Dieses Merkmal ist oft auf den Handflächen von Künstlerinnen, medial veranlagten Personen und Hellseherinnen zu finden.

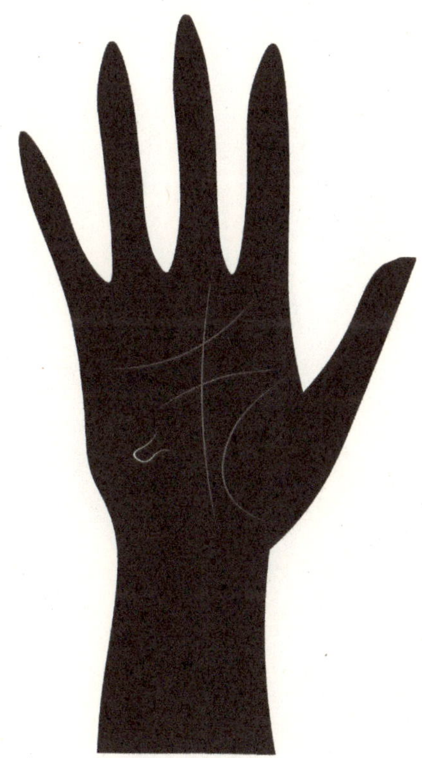

MUSIKSCHLEIFE

Dieses untypische Zeichen befindet sich an der Basis des Venusbergs. Es ist eine fast quadratische Schleife, die nach oben zeigt. Sie verweist auf eine Person, die stark auf Musik und Rhythmen reagiert, weshalb dieses Zeichen oft bei Musikerinnen und Tänzern vorkommt.

WIRBEL DER ISOLATION

Der Wirbel der Isolation kommt selten vor und liegt auf dem Berg des Mondes. Personen, die dieses Zeichen tragen, sind fast immer extrem privat und es ist schwer, sie richtig kennenzulernen. Der Wirbel der Isolation kann ein Indikator für Exzentrizität und das Bedürfnis nach Abstand sein und ist zugleich ein künstlerisches Zeichen, denn das Bedürfnis nach kreativem Ausdruck basiert oft auf dem Gefühl, von der Welt abgeschnitten zu sein.

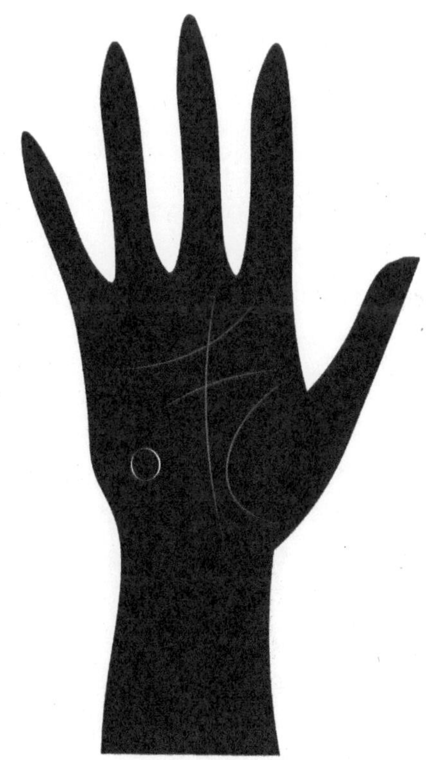

SONSTIGE ZEICHEN

Sie werden häufig zufällige Zeichen wie Kreuze und Sterne sehen, die nicht näher zu bestimmen sind. Die meisten Menschen tragen mehrere davon auf ihren Händen. Aufgrund des alten, abergläubischen, wahrsagerischen Aspekts der Handlesekunst lösen solche Zeichen oft große Sorge und Angst aus. Sie sind jedoch von untergeordneter Bedeutung und können sehr schnell auftauchen und wieder verschwinden. Ein gutes Beispiel hierfür sind winzige Linien unterhalb des Merkurfingers am äußeren Rand der Handfläche. Aus traditioneller Sicht handelte es sich hierbei um Zeichen, aus denen sich ableiten ließ, wie viele Ehen und Kinder jemand haben würde, und viele Menschen sind immer noch fasziniert davon. Allerdings hat sich diese Deutung – wie die vieler anderer Zeichen und Muster – als Unsinn herausgestellt. Beim Handlesen ist es viel wichtiger, sich auf die größeren Themen zu konzentrieren – die Form der Hand, die Länge der Finger oder das Vorhandensein von nicht-ulnaren Fingerabdrücken.

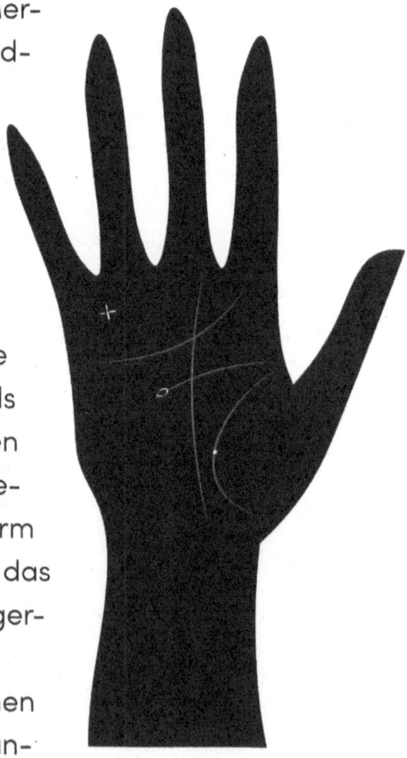

Wenn Sie zufällige Zeichen bestimmen wollen, können Sie die Bedeutung anhand der Position ableiten. Zum Beispiel kann sich ein Zeichen, das sich auf dem Berg des Jupiter befindet, nur auf Themen wie Ambition, persönliche Macht, Autorität und

Ideale beziehen. Das Zeichen selbst gibt auch einen Hinweis auf die Bedeutung:

- ★ **Kreuze** verweisen auf zwei gegensätzliche Kräfte oder Situationen und die Notwendigkeit, eine Entscheidung zu treffen.
- ★ **Punkte** deuten auf Probleme hin, die von innerem Aufruhr zeugen.
- ★ **Inseln** sind ein Zeichen für Verwirrung.

Denken Sie immer daran, dass die Form der Hand, die Beschaffenheit der Haut, die Hauptlinien etc. viel wichtiger sind als diese undurchsichtigen Zeichen, weshalb Sie sich nicht zu lange damit aufhalten sollten.

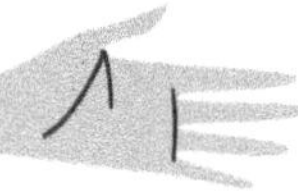

DAS WICHTIGSTE AUF EINEN BLICK

Nebenlinien sind schwächer, verästelter, veränderlicher und unbestimmter als Hauptlinien.

Nur sehr wenige Menschen verfügen über alle Nebenlinien, manche haben auch gar keine.

Die Apollolinie ist nur dann bedeutsam, wenn sie mindestens 2,5 cm über die Herzlinie hinausragt.

Die Intuitionslinie ist selten, bogenförmig und verweist auf intuitive, hellseherische Fähigkeiten.

Eine starke Marslinie deutet auf eine wettbewerbsorientierte Ader hin.

Die Gesundheitslinie besteht oft aus einer Reihe verästelter Linien und verschlechtert sich mit dem Alter und abnehmender Gesundheit.

Die Via-Lascivia-Linie symbolisiert das Bedürfnis nach Aufregung, Bewegung und eine Obsession mit Gesundheit.

Der Venusgürtel kommt häufig bei Künstlerinnen, Träumern und spirituell Suchenden vor und steht für das Streben nach höheren Erfahrungen.

Der Salomonring ist typisch für Menschen, die von Natur aus gute Ratgeber und Zuhörer sind.

Reiselinien lassen auf das Bedürfnis nach Reise, Veränderung und Abwechslung schließen.

Ein Lehrerquadrat verweist auf Personen, die von Natur aus gute Lehrerinnen oder Manager sind.

Die Leidenschaftslinie steht für eine lebhafte sexuelle Vorstellungskraft und einen erhöhten Sinn für Erotik.

Die Naturschleife ist ein mächtiges Zeichen für die Liebe zur Natur und das Talent, Dinge aufzuspüren.

Die Sensibilitätsschleife symbolisiert den sechsten Sinn.

Musikschleifen sind unter Musikerinnen und Tänzern weit verbreitet, da sie auf eine große Empfänglichkeit für Rhythmen schließen lassen.

Wirbel der Isolation sind selten und deuten auf eine extrem private Person hin, die viel Zeit für sich braucht.

Zufällige Zeichen wie Kreuze, Sterne und Kreise sind von untergeordneter Bedeutung und können schnell auftauchen und wieder verschwinden.

Undurchsichtige Zeichen beziehen sich immer auf den Teil der Hand, auf dem sie zu finden sind.

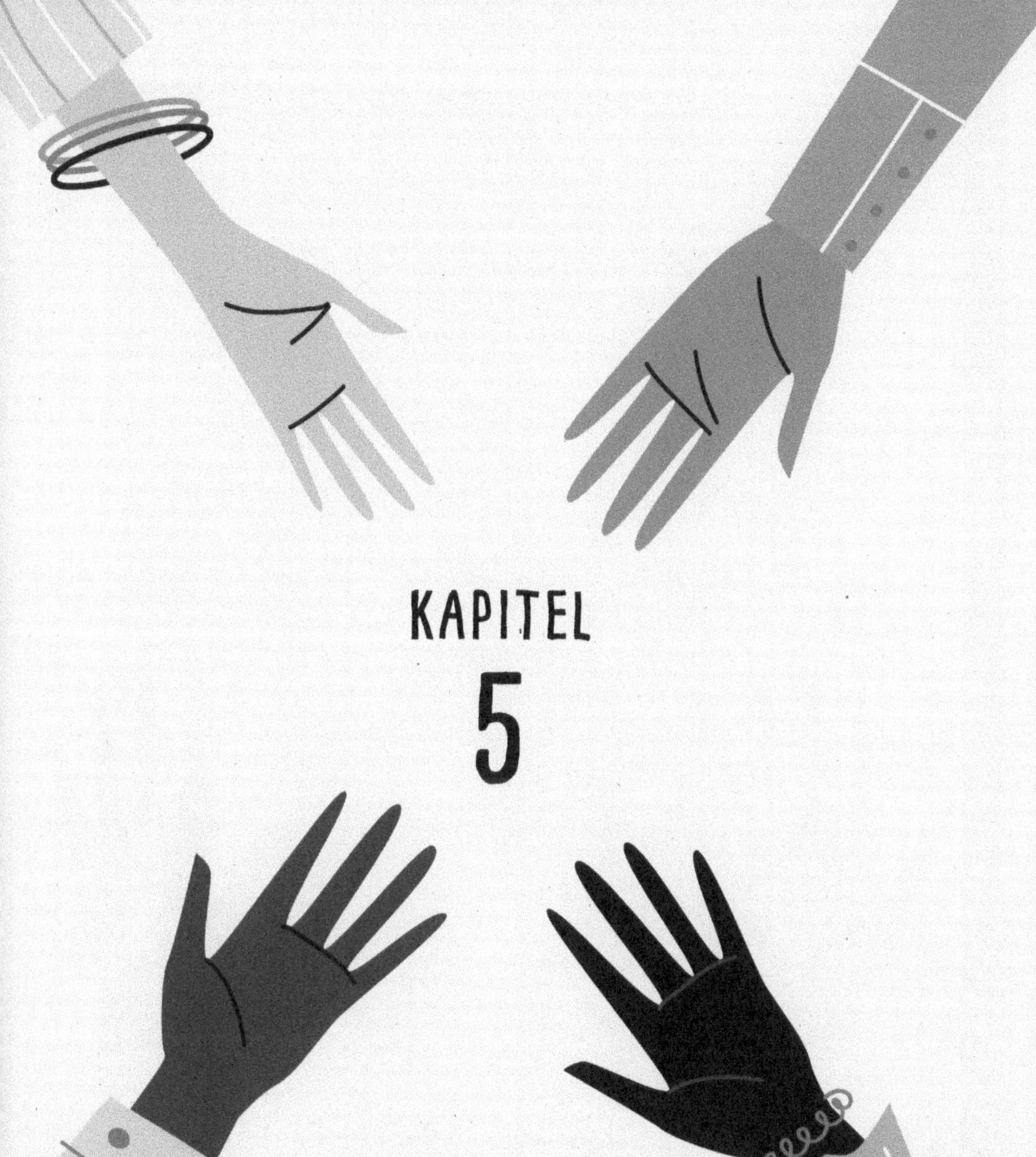

KAPITEL 5

ÜBEN MIT ECHTEN HÄNDEN

IVYS HÄNDE

Jetzt ist es an der Zeit, das Gelernte in die Praxis umzusetzen. Die auf den folgenden Seiten abgebildeten Hände sind von Ivy, einer 34-jährigen, unverheirateten Hypnotherapeutin. Die Fingerabdrücke wurden hervorgehoben, um ihre Bestimmung zu erleichtern. Versuchen Sie, herauszufinden, was Sie auf Ivys Händen entdecken können, bevor Sie meine nachstehenden Beobachtungen und Schlussfolgerungen lesen. Bevor Sie loslegen, sollten Sie wissen, dass Ivys rechte Hand die dominante ist.

Zuerst gilt es zu beachten, dass die Beschaffenheit der Haut weich ist. Dies lässt auf eine hochsensible Person schließen (sie hasst Lärm und Verschmutzung). Ivy braucht eine gesunde Ernährung und einen Lebensstil mit wenig Stress. Sehen Sie sich als Nächstes die Form der Handfläche an. Aufgrund der quadratischen Handfläche und der langen Finger handelt es sich um eine Lufthand. Ivy ist wahrscheinlich groß und dünn; sie lebt in der Welt der Ideen und schätzt ihre Unabhängigkeit. Sie ist eigensinnig und nonkonformistisch.

Der Venusberg auf der aktiven Hand ist etwas größer, was auf ein hohes Energielevel und viel Leidenschaft fürs Leben hindeutet.

IVYS LINKER HANDABDRUCK

Zusätzliche Informationen:

- steifer Daumen
- großer Venusberg
- kurzer Jupiterfinger
- weiche Haut

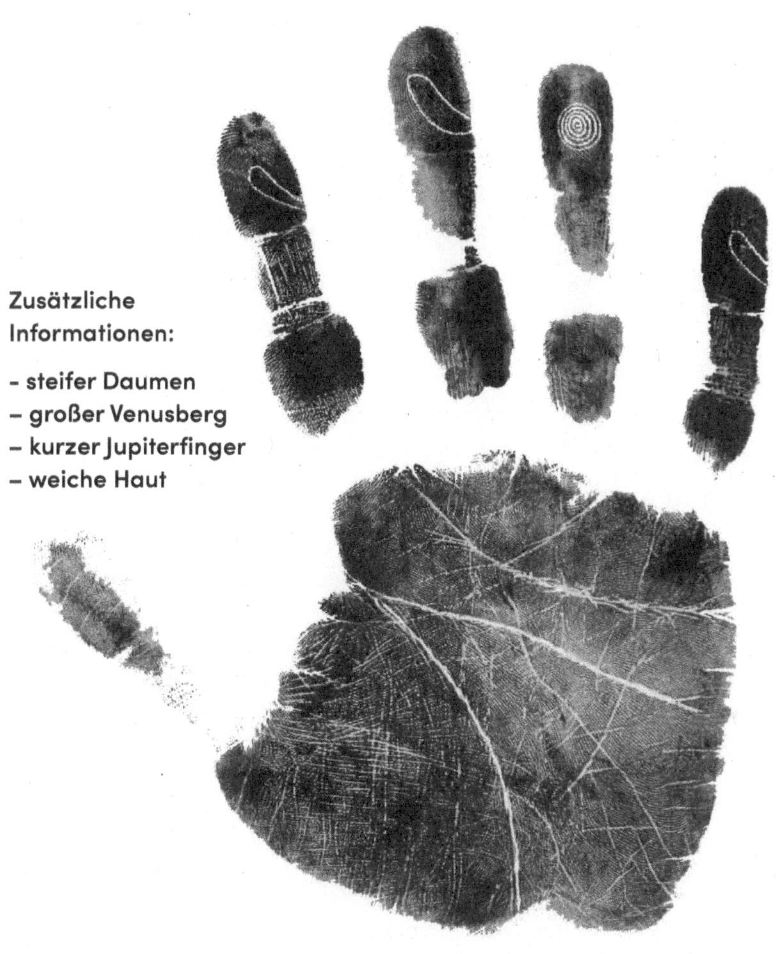

IVYS RECHTER HANDABDRUCK

IVYS FINGER

Sehen Sie sich jetzt die Finger an. Der Merkurfinger der aktiven Hand ist leicht gekrümmt, ein Hinweise auf ein Talent für Diplomatie und die Fähigkeit, die Wahrheit zu verbiegen. Was die Fingerglieder betrifft, sind die unteren und oberen Phalangen gut entwickelt, wohingegen alle mittleren Phalangen klein sind. Die großen unteren Fingerglieder stehen für ein hohes Maß an Sinnlichkeit. Die großen oberen Phalangen verweisen auf eine Faszination für Philosophie, Ideale und abstrakte Konzepte. Die schwach ausgebildeten mittleren Fingerglieder lassen auf fehlendes Organisationstalent und vielleicht eine gewisse Langsamkeit bei der Umsetzung von Plänen schließen.

Die Jupiterfinger sind an beiden Händen kurz, mit einem gespannten Bogen auf der passiven und einer ulnaren Schleife auf der aktiven Hand. Ivy hat viele Selbstzweifel und fühlt sich bisweilen unzulänglich. Ihre persönliche Stärke und ihr Verantwortungsgefühl wurden in der Kindheit möglicherweise untergraben, weshalb sie aufpassen muss, dass sie sich nicht selbst vernachlässigt. Der gespannte Bogen auf der passiven Hand ist ein Zeichen dafür, dass Ivy idealistisch und leicht erregbar ist; gelegentlich kann sie sogar übertrieben dramatisch sein.

Der Saturnfinger zeigt eine ulnare Schleife auf der aktiven und einen Wirbel auf der passiven Hand. Dies lässt darauf schließen, dass Ivy ein latent rebellischer Charakter und von Freiheit besessen ist – Wirbel auf diesem Finger kommen oft bei Menschen vor, die spät oder nie heiraten.

Der Apollofinger ist auf beiden Händen lang und verfügt über einen Wirbel auf der aktiven Hand, was darauf hinweist, dass Ivy gern im Zentrum der Aufmerksamkeit steht und eine Form von Selbstausdruck braucht, z. B. Malerei oder Fotografie. Der Wirbel steht für eine elegante Art, sich zu kleiden, sowie ein Talent für Design, Farbe und Stil.

Die Merkurfinger sind besonders lang und symbolisieren Wortgewandtheit und Witz, ebenso wie die Fähigkeit, Sprache wirkungsvoll einzusetzen.

Die Daumen sind steif, was ein Zeichen dafür ist, dass Ivy sich viel abverlangt, um Ziele zu erreichen. Der Wirbel ist ein Indikator dafür, dass sie im Berufsleben viel Eigeninitiative zeigt und recht originell in ihrer Vorgehensweise ist.

IVYS LINIEN

Fahren wir fort mit den Linien, beginnend mit der Lebenslinie: Auf der aktiven Hand ist eine starke, weitläufige Lebenslinie zu sehen, doch auf der passiven Hand fehlt der untere Bereich. In ihrer äußeren Fassade (von der aktiven Hand symbolisiert) ist Ivy ein energiegeladener, geerdeter Mensch mit guten, regelmäßigen Gewohnheiten und einem ausgeglichenen Lebensstil. In ihrem Privatleben (von der passiven Hand symbolisiert) ist sie jedoch unsicher und nicht geerdet. Als Kind hat sie keine stabilen Familienstrukturen erlebt.

Die Herzlinie weist die Beschaffenheit eines Stacheldrahts auf. Ivy kann sich nicht rückhaltlos auf Beziehungen einlassen und neigt dazu, zu viel über ihre Gefühle nachzudenken. Ihre Emotionen sind daher komplex und konfus. Da ihre Herzlinie unter dem Jupiterfinger endet, ist sie idealistisch, aber nicht so einfühlsam, wie sie sein könnte.

Die Kopflinie ist auf beiden Händen extrem lang und gerade. Ivy hat ein unsentimentales, analytisches Wesen und ist hochintelligent. Sie denkt rational, ist philosophisch und wägt immer ihre Möglichkeiten ab.

Die Schicksalslinie auf der passiven Hand ist nur in Bruchstücken vorhanden; auf der aktiven Hand wölbt sie sich vom Berg des Mondes aus nach oben. Ivy ist sich unsicher, wer sie in ihrem Privatleben ist, und kann sich nicht auf Beziehungen einlassen. In ihrer Arbeit findet sie jedoch Erfüllung und ist sich über ihre Ziele im Klaren. Zum Beispiel arbeitet sie gern mit Menschen. Ihre Arbeit und ihr Lebensstil unterscheiden sich womöglich stark von den Wünschen ihrer Familie. Dies ist eins von vielen Zeichen (neben kurzen Jupiterfingern, dem fehlenden unteren Teil der Lebenslinie, einer schwach ausgeprägten Herzlinie), die darauf hinweisen, dass Ivys frühe Kindheit problematisch gewesen sein könnte.

Unter den Nebenlinien treten auf beiden Händen die Leidenschaftslinien am deutlichsten hervor, was darauf schließen lässt, dass Ivy über eine extrem erotische Sensibilität verfügt. Sehen Sie sich die Handabdrücke noch einmal an, überprüfen Sie, ob Sie jeden Punkt nachvollziehen können, nachdem Sie meine Erklärung dazu gelesen haben, und schauen Sie, ob Sie weitere Beobachtungen anstellen können.

DAVIDS HAND

Jetzt sind Sie auf sich allein gestellt! Atmen Sie tief durch und beruhigen Sie Ihren Geist. Es ist an der Zeit, dass Sie selbst aus einer Hand lesen und ein paar Fragen zu Ihrem neu erworbenen Wissen beantworten. Hoffentlich werden Sie dabei erfreut feststellen, wie viel Sie über David herausfinden können, indem Sie lediglich seine aktive Hand betrachten. Bei Zweifeln blättern Sie einfach zurück zu der Übersicht am Ende jeden Kapitels oder den einzelnen Kapiteln des Buches, um Ihr Gedächtnis aufzufrischen. Meine Antworten finden Sie ab Seite 112, wo ich Ihnen verrate, wer David ist, damit Sie sehen können, ob unsere Beobachtungen mit dem echten Mann übereinstimmen.

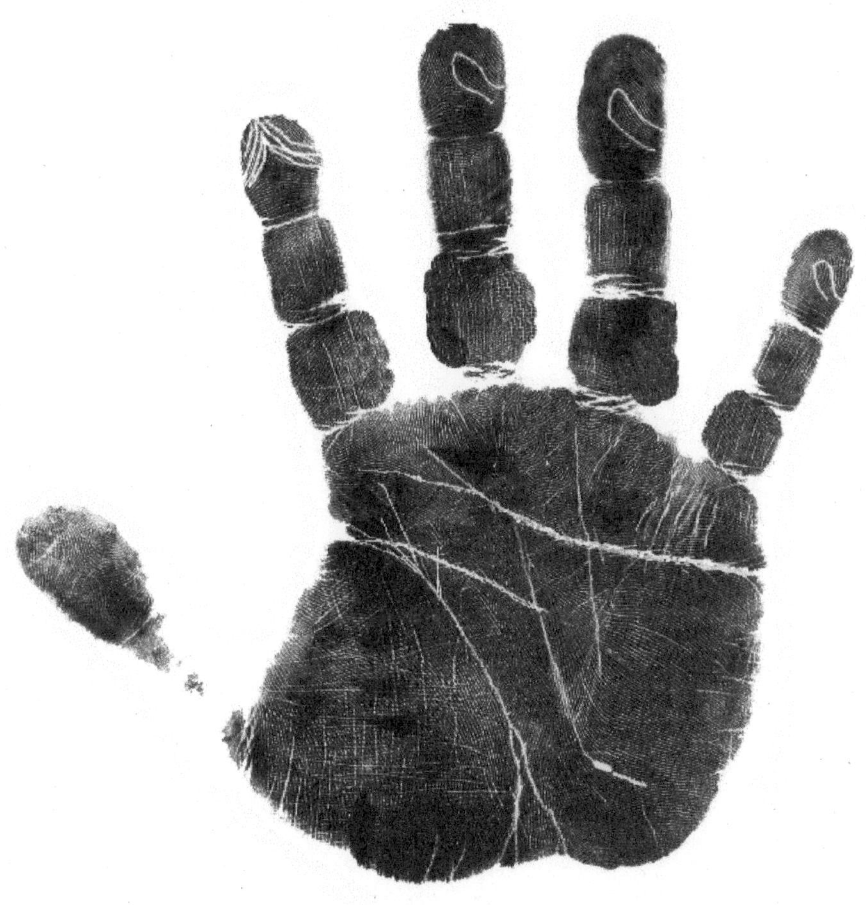

DAVIDS HANDABDRUCK

ZU BERÜCKSICHTIGENDE FRAGEN

1. Um welche Handform handelt es sich? Ist die Person groß, freiheitsliebend und intellektuell? Welchen Körpertyp hat sie wahrscheinlich?

2. Die Beschaffenheit der Haut ist grobkörnig. Was ergibt sich aus der Kombination der Handform und der Hautbeschaffenheit? Hat diese Personen eine natürliche Begabung fürs Programmieren?

3. David verfügt über einen großen Venusberg. Ist er eher lethargisch und energielos oder energiegeladen und voller Tatendrang?

4. Stechen bestimmte Bereiche der Fingerglieder als besonders lang oder klein hervor?

5. Was sagt Ihnen der Daumenabdruck? Verweist er auf langanhaltenden Ehrgeiz und einen zielstrebigen Einsatz der Willenskraft?

6. Ist der Jupiterfinger von normaler Länge? Falls nicht – was können Sie über ihn sagen? Was bedeutet der Abdruck des Jupiterfingers? Ist David hochsensibel in Bezug auf die Bedürfnisse anderer und ein Jasager?

7. Betrachten Sie den Saturnfinger – ist David in Bezug auf Autorität eher konventionell eingestellt?

8. Ist der Apollofinger lang oder kurz? Was bedeutet das?

9. Sehen Sie sich die Lebenslinie an – ist David eine unsichere Person ohne Wurzeln?

10. Betrachten wir nun die Herzlinie. Ist er kaltherzig oder unsozial? Wie ist sein emotionales Wesen?

11. Studieren Sie die Kopflinie. Ist David ein introvertierter, in sich gekehrter Träumer? Können Sie die Art und Weise beschreiben, wie er denkt?

12. Sehen Sie sich als Nächstes die Schicksalslinie an. Könnte er einer sicheren, sozialversicherungspflichtigen Beschäftigung nachgehen? Oder würde er sich für einen sozialeren, künstlerischeren und persönlicheren Berufsweg entscheiden?

13. Nun ist es an der Zeit, die Nebenlinien zu untersuchen – auf dieser Handfläche gibt es einige kleine Linien, die vom oberen Ende der Lebenslinie nach oben verlaufen, ebenso wie eine Apollo- und eine Reiselinie. Was haben sie zu bedeuten?

14. Können Sie eine kurze Zusammenfassung von Davids Charakter geben?

Wenn Sie jede Frage so umfassend wie möglich beantworten und zu jedem Punkt so viele Informationen wie möglich sammeln, haben Sie schon eine gute Grundlage.

ANTWORTEN ZU DAVIDS HÄNDEN

Im Folgenden finden Sie die Antworten zu den oben gestellten Fragen. Überprüfen Sie, ob Sie richtig lagen und alle Details erfasst haben.

FRAGE 1

Es handelt sich um eine Erdhand (quadratische Handfläche, kurze Finger), die darauf hinweist, dass David kein Kopfmensch (Lufttyp) ist. Stattdessen handelt es sich bei Erdtypen um pragmatische, geerdete und robuste Persönlichkeiten, die auf das eigene Zuhause, Familie und Sicherheit ausgerichtet sind. Davids Körpertyp ist klein und stämmig.

FRAGE 2

Nein, dies ist nicht die Hand eines Programmierers. Die grobkörnige Haut und die Erdhand stehen für einen handlungsorientierten, körperlichen Menschen, der immer beschäftigt ist und sich körperlich betätigt; David ist niemand, der gern herumsitzt und auf einen Computer starrt.

FRAGE 3

Ein großer, praller Berg der Venus ist typisch für Erdhände und symbolisiert eine enorme Energie und Leidenschaft fürs Leben. Daraus lässt sich in Kombination mit der Körperlichkeit der Erdhand und dem Tatendrang der grobkörnigen Haut schließen, dass David vor Lebenskraft strotzt.

FRAGE 4

Die unteren Fingerglieder sind auf jeden Fall breit. David ist also ein sinnlicher Genussmensch, der großen Wert auf Essen und körperliche Freuden legt. Aufgrund solcher Verlockungen muss er auf sein Gewicht achten. Seine mittleren und oberen Phalangen sind normal.

FRAGE 5

Der Daumenabdruck ist eine zusammengesetzte Schleife. Sie verweist auf eine gewisse Gespaltenheit und Unschlüssigkeit bei Entscheidungen über den weiteren Lebensweg. Dies kann zu Zweifeln und Verwirrung darüber führen, wie die eigenen Wünsche erreicht werden.

FRAGE 6

Der Jupiterfinger ist kurz, was darauf hindeutet, dass David einen leichten Minderwertigkeitskomplex hat und unter Selbstzweifeln leidet. Womöglich versucht er, dies zu kompensieren, indem er andere zu sehr zu beeindrucken versucht. Der Abdruck auf dem Jupiterfinger ist ein gespannter Bogen. Dies ist nicht das Zeichen eines Jasagers (das wäre die radiale Schleife), vielmehr weist der gespannte Bogen auf eine intensive, rastlose Persönlichkeit mit einem starken Sinn fürs Dramatische hin.

FRAGE 7

Der Saturnfinger ist kurz, was darauf schließen lässt, dass David unkonventionell ist und Autoritäten wahrscheinlich in irgendeiner Weise herausfordert. Dies deutet auf eine ungewöhnliche Persönlichkeit hin, die nach Sicherheit strebt und pragmatisch (Erdhand), aber sehr unkonventionell ist. Der Fingerabdruck ist eine ulnare Schleife, die ignoriert werden kann.

FRAGE 8

Der Apollofinger ist lang – ein Indikator dafür, dass David eine Ausdrucksmöglichkeit für seine Talente braucht. Da er eine Erdhand mit großem Venusberg hat, übt er vielleicht eine körperbetonte Sportart oder ein Kunsthandwerk aus, um seine Talente auszudrücken.

FRAGE 9

Die Lebenslinie ist von guter Qualität und vollständig, David ist also geerdet, sicher und stabil. Er verfügt über reichlich Energie, kann für sich selbst sorgen, sich behaupten und auch unter schwierigen Umständen weitermachen. Er ist in der Lage, sich und seiner Familie ein stabiles, geregeltes Leben zu bieten.

FRAGE 10

David verfügt über eine lange, deutlich nach oben gebogene Herzlinie mit einer geraden Abzweigung am Ende. Dies deutet auf eine leidenschaftliche, romantische und ausdrucksstarke Persönlichkeit mit einer breiten Palette an Gefühlen und Reaktionen hin. Er fühlt sich emotional mit vielen Menschen verbunden. Die gerade Abzweigung am Ende steht für einen Teil von ihm, der sich gern fürsorglich um andere kümmert.

FRAGE 11

Die kurze, klare und gerade Kopflinie ist das Gegenteil des introvertiert Träumenden. David ist sehr pragmatisch und besonnen. Als Erdperson mit viel Elan ist er kein nachdenklicher Typ, sondern setzt alle seine Ideen um. David betrachtet das Leben nicht philosophisch, sondern verwendet all seine Energie darauf, Dinge zu erledigen. Er ist wahrscheinlich sehr dynamisch und steht mit beiden Füßen im Leben. Er sieht die Dinge nie aus einer umfassenderen Perspektive.

FRAGE 12

Die am Mondberg beginnende Schicksalslinie ist ein Zeichen dafür, dass sich David für einen Beruf und einen Lebensstil entschieden hat, die auf sozialen Verbindungen und dem Gefühl persönlicher Erfüllung basieren. Er hat nie einen sicheren, stabilen Beruf angestrebt. Wenn wir an den kurzen Saturnfinger denken, haben wir es mit einer stabilen und sicherheitsorientierten Person zu tun, die jedoch in ihrer Lebensausrichtung sehr alternativ ist.

FRAGE 13

Die kleinen Linien am oberen Ende der Lebenslinie sind Linien der Anstrengung, was auf eine ehrgeizige Person schließen lässt. Die deutliche, lange Apollolinie deutet darauf hin, dass David erfüllt und zufrieden ist – er fühlt sich in seiner Gesellschaft wohl und übt wahrscheinlich eine Praxis oder Kunst aus, in der er sich verlieren kann. Die Reiselinie am unteren Ende der Lebenslinie verweist auf Reise- und Abenteuerlust.

FRAGE 14

Zusammenfassend lässt sich über Davids Charakter sagen, dass er ein Mensch voller Gegensätze ist. Er ist eine solide, bodenständige Person mit einer pragmatischen Lebenseinstellung, die großen Wert auf Tradition, Familie und das eigene Zuhause legt. Er hat eine lebhafte, energiegeladene Natur; seine grobkörnige Haut und sein Venusberg verraten uns, dass er nicht gern herumsitzt. Allerdings gibt es Aspekte seiner Persönlichkeit, die im Widerspruch zu seinen tieferen Instinkten stehen. Auf dem Jupiterfinger finden wir den Abdruck eines gespannten Bogens, was ein Indikator für Intensität und das Bedürfnis nach Drama ist. Er hat auch einen kurzen Saturnfinger, der auf ein unkonventionelles Wesen schließen lässt, und seine

Schicksalslinie deutet darauf hin, dass er sich für einen erfüllten Lebensweg entschieden hat, der sich stark von den Konventionen seines Hintergrunds unterscheidet. Auf Davids Daumen ist der Abdruck einer zusammengesetzten Schleife zu sehen, die darauf hinweist, dass er bei Lebensentscheidungen hin und her gerissen ist. Da der Jupiterfinger kurz ist, hat er oft das Gefühl, Anforderungen nicht gewachsen zu sein, und sein langer Apollofinger lässt auf das Bedürfnis schließen, ein bestimmtes Talent oder eine Fähigkeit auszuleben und darzustellen.

Was seine Fingerglieder betrifft, so stehen seine großen unteren Phalangen für eine sinnliche Liebe zum Essen und Genuss. Was die Handlinien betrifft, so deutet seine starke Lebenslinie auf Stabilität und Sicherheit hin, wohingegen die Reiselinie ein Bedürfnis nach Bewegung und Abenteuer ausdrückt. Die kurze Kopflinie ist ein Zeichen dafür (als bräuchten wir noch mehr davon), dass er ein aktiver, dynamischer Macher ist, der all seine Ideen und Fähigkeiten umsetzt. Diese Person ist beim besten Willen kein Philosoph. Die Herzlinie steht für eine leidenschaftliche, ausdrucksstarke, romantische Persönlichkeit, die in vollen Zügen lebt und Mitgefühl für andere aufbringt. Die Schicksalslinie verrät uns, dass er kein Briefträger oder Mitarbeiter der Gemeinde wird. Er hat offenbar seine Erfüllung gefunden und liebt, was er tut, denn die Länge seiner Apollolinie und seine Ambitionslinien (zarte Linien, die am oberen Ende der Lebenslinie nach oben verlaufen) deuten darauf hin, dass er es weit bringen und sich anstrengen wird. Allerdings sind der kurze Jupiterfinger und die zusammengesetzte Schleife auf seinem Daumen ein Indikator dafür, dass er zu viel Verantwortung eher vermeidet, sich einer Sache mal mehr, mal weniger intensiv widmet und von einem starken Bedürfnis nach Veränderung und Abwechslung angetrieben wird.

WIE HABEN SIE SICH GESCHLAGEN?

David ist eine geerdete, pragmatische, überaus energiegeladene Person mit einem alternativen Lebensstil, die dennoch ehrgeizig ist. Er ist ein Koch, der mit seinem mobilen Pop-up-Restaurant durchs ganze Land tourt und sich für eine alternative Lebensweise, eine vegetarische Ernährung und Naturschutz einsetzt. So kann er den alternativen Lebensstil führen, den er sich wünscht (kurzer Saturnfinger), seine Reise- und Abenteuerlust stillen (Reiselinie) und frisches, hochwertiges Essen genießen (große untere Fingerglieder).

David nimmt seine Familie auf die meisten seiner Arbeitseinsätze mit, wo sie alle mit anpacken und helfen. Er begann mit einem kleinen Van, besitzt mittlerweile jedoch eine große Anzahl von Food Trucks, die ein farbenfrohes Restaurant-Ambiente kreieren. Darüber ist er sehr wohlhabend geworden und kann seine Familie bequem versorgen (gute Lebenslinie, Linien der Anstrengung). Er arbeitet auf verschiedenen Messen, Festivals und Events und ist mittlerweile so etwas wie eine kleine Berühmtheit, über die in den Lokalnachrichten und in verschiedenen Magazinen berichtet wurde (langer Apollofinger).

Er hatte schon oft die Möglichkeit, zu expandieren, doch er hat weder das Selbstvertrauen, noch möchte er zu viel Verantwortung auf sich laden (kurzer Jupiterfinger). Außerdem ist er zwiegespalten, wenn es darum geht, sich auf eine einzige Aktivität festzulegen (zusammengesetzte Schleife auf dem Daumen), weshalb er immer offen dafür ist, verschiedene Möglichkeiten und Berufe auszuprobieren.

David ist leidenschaftlicher Vegetarier und hat sich bei den örtlichen Behörden dafür eingesetzt, dass in manchen Schulen der Umgebung vegetarische Kost die Norm wird (kurzer Saturnfinger).

Er hat eine kostenfreie Küche für Obdachlose gegründet (zusätzlicher Bereich der Herzlinie, der Mitgefühl ausdrückt) und ist ein sehr großzügiger Mensch. Außerdem hört er nie auf zu arbeiten und zu reisen und ist immer in Bewegung. David spricht drei Sprachen, hat gelernt, seine eigenen Food Trucks zu bauen und zu entwerfen, und ist ein ausgebildeter Reiter. Er denkt nur selten über das Leben nach, glaubt an schnelles Handeln und hat keine Zeit für lange Diskussionen (kurze Kopflinie).

Zudem besitzt er einen Kleinbauernhof, wo er Kräuter und exotische Gemüse- und Pflanzenarten anbaut, sich stundenlang verlieren kann und mit der Natur in Kontakt tritt (Apollolinie). David würde sich auf jeden Fall als zufriedenen Menschen beschreiben.

Und, wie haben Sie sich geschlagen? Natürlich wurde nicht erwartet, dass Sie anhand der Zeichen auf seiner Hand sagen können, *wie* David lebt, aber hoffentlich konnten sie einige der tieferen Eigenschaften und Widersprüche seiner Persönlichkeit feststellen (geerdet, dynamisch, leidenschaftlich, intensiv, rebellisch, liebenswürdig, alternativer Lebensstil etc.). Natürlich war dies nur eine kurze Beschreibung der rechten Hand. Wenn wir zusätzlich aus der linken Hand gelesen hätten, hätten wir mehr zu interpretieren gehabt.

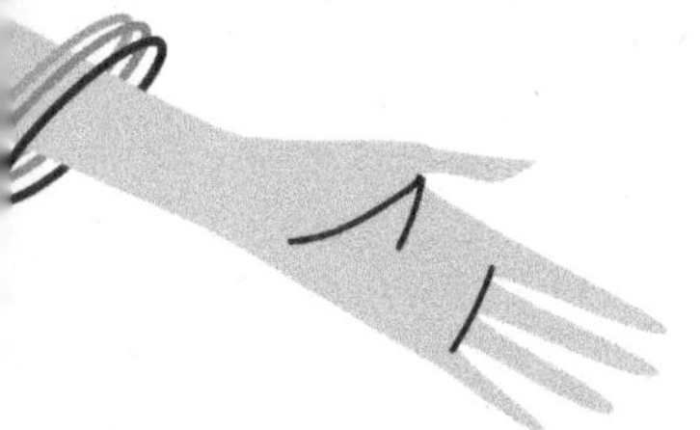

ABSCHLIESSENDE GEDANKEN

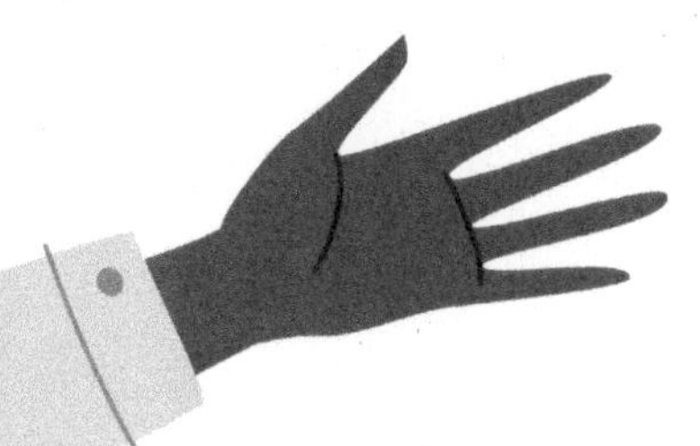

Wenn Sie ernsthaft mit dem Handlesen beginnen, werden Sie feststellen, dass Sie am Anfang nicht viel erkennen können – vielleicht die Form der Hand und die Beschaffenheit der Haut und womöglich noch einen ungewöhnlichen (nicht-ulnaren) Abdruck. Somit haben Sie der Person vielleicht nur zehn Minuten lang etwas zu sagen, was aber trotzdem ein super Anfang ist.

Es steht Ihnen immer frei, ein paar sanfte Fragen zu stellen, um Ihre Beobachtungen zu bestätigen. Wenn Sie zum Beispiel denken, dass Ihr Gegenüber weiche Haut hat, fragen Sie: »Würden Sie sich selbst als hochsensibel beschreiben?« Oder wenn Sie eine Feuerhand mit grobkörniger Haut bestimmt haben, können Sie fragen: »Sind Sie rastlos und immer in Bewegung?«

Betrachten Sie so viele Hände wie möglich. Jede Hand hält eine Lektion für Sie bereit. So werden Sie schöne Erfahrungen sammeln, hilfreiches Feedback erhalten und Ihr Selbstvertrauen als Handleserin vergrößern. Schließlich werden Sie tiefe Einblicke in die Seele und das Innenleben der Menschen gewinnen. Möge die Reise niemals enden!

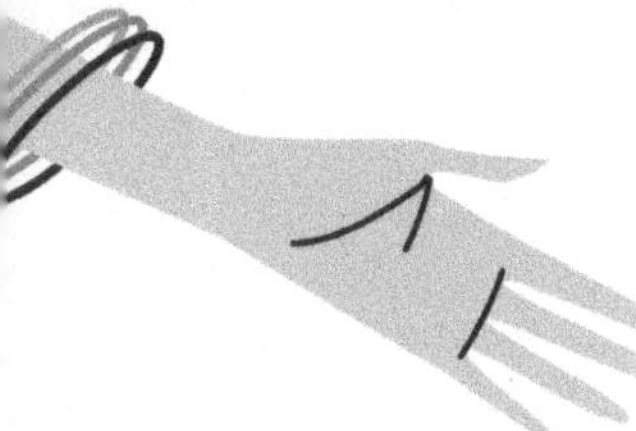

KURZÜBERSICHT

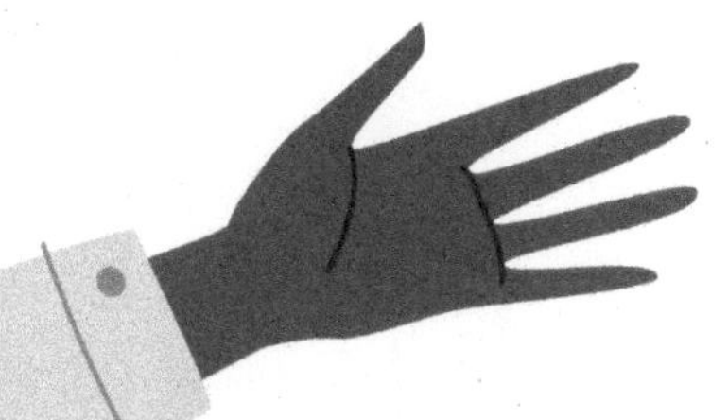

Aktive Hand: Die dominante Hand, die die äußeren, erwachsenen Aspekte der Persönlichkeit repräsentiert.

Apolloberg: Er liegt direkt unterhalb des Apollofingers; die auf ihm sichtbaren Linien stehen mit kulturellen Interessen, Selbsterhöhung und Selbstausdruck in Verbindung.

Apollofinger: Der Ringfinger verweist auf das Bedürfnis nach Selbstausdruck, Kreativität und den Wunsch, gemocht und bewundert zu werden und in irgendeiner Form in der Öffentlichkeit zu stehen.

Apollolinie: Eine feine Linie, die unter dem Apollofinger und der Herzlinie verläuft und für inneren Rückzug, Freude an der eigenen Gesellschaft und Zufriedenheit steht.

Berg der Venus: Der große, fleischige Berg am Ansatz des Daumens zeigt, ob die Person energiegeladen ist oder nicht.

Berg des äußeren Mars: Er befindet sich in der Mitte auf dem äußeren Rand der ulnaren Seite; wenn er prall ist, weist er auf einen aufdringlichen, enthusiastischen Charakter hin.

Berg des inneren Mars: Dieser Berg befindet sich direkt über dem Daumen; wenn eine Linie hier beginnt, steht sie für geistige und körperliche Härte.

Berg des Jupiter: Er befindet sich direkt unterhalb des Jupiterfingers; wenn eine Linie über diesen Berg verläuft, hat die Person vielleicht mit Themen wie Ehrgeiz, persönlicher Macht, Kontrolle oder Autorität zu kämpfen.

Berg des Merkur: Er liegt direkt unter dem Merkurfinger; Linien, die über diesen Berg verlaufen, stehen mit Handel, Kommunikation, Wortgewandtheit, Täuschung, sexueller Raffinesse und Witz in Verbindung.

Berg des Mondes: Er liegt an der Basis der ulnaren Seite der Handfläche und lässt auf unser kollektives Unterbewusstsein, Stimmungen und Träume schließen.

Berg des Pluto: Dieser Berg liegt an der Handwurzel. Verläuft die Schicksalslinie oder eine Reiselinie über ihn, steht das für den Drang, das eigene Schicksal zu verändern.

Berg des Saturn: Er liegt direkt unterhalb des Saturnfingers; wenn eine Linie über diesen Berg verläuft, hat die Person vielleicht Probleme mit Einschränkungen, Regeln und Verpflichtungen im Leben.

Dopplungen: Eine doppelte Linie verweist auf zwei Erfahrungs- und Energieebenen.

Ebene des Mars: Sie ist immer flach und daher einfach ein Bereich der Hand, der kein Berg ist.

Einfacher Bogen: Fingerabdruck, der von flach hügelförmig übereinander gestapelten Linien gebildet wird und auf eine überaus loyale, emotional unterdrückte, hart arbeitende und sicherheitsbewusste Person verweist.

Erdhand: Die quadratische Handfläche mit kurzen Fingern steht für eine bodenständige, praktische und nicht-akademische Person.

Feuerhand: Die rechteckige Handfläche mit kurzen Fingern symbolisiert eine temperamentvolle, dynamische und zielorientierte Persönlichkeit.

Gespannter Bogen: Fingerabdruck, der eine scharfe Spitze bildet, die nach oben zeigt, und auf eine leicht erregbare, intensive, dramatische Person hindeutet, die den Wechsel von Aufregung und Ruhe braucht.

Gesundheitslinie: Eine einzige Linie oder eine Reihe verästelter Linien, die senkrecht von der Handwurzel zum Berg des Merkur verlaufen; sie verweisen auf die Aktivität des Vagusnervs sowie die Fähigkeit der Person, mental zur Ruhe zu kommen und sich inspirieren zu lassen.

Grobkörnige Haut: Sie wird von festen, harten Hautleisten mit starken, roten Linien geprägt, die auf dem Handabdruck wie Schnitte aussehen. Das bedeutet, die Person ist sportlich, beschäftigt, aktiv und hat schnelle körperliche Reaktionen.

Herzlinie: Horizontale Linie unter den vier Fingern, die die Fähigkeit der Person widerspiegelt, Gefühle auszudrücken.

Inseln: Verbindungsglieder auf unterbrochenen Linien, die auf Stress und Probleme hinweisen.

Intuitionslinie: Eine bogenförmige Linie, die unterhalb des Merkurfingers an der ulnaren Seite der Handfläche entlang verläuft und auf eine Verbindung zum intuitiven Unterbewussten hindeutet.

Jupiterfinger: Der Zeigefinger und der wichtigste Finger, da er für Selbsterkenntnis, Ego, Selbstwahrnehmung und persönliche Macht steht.

Kopflinie: Sie beginnt nahe dem oberen Ende der Lebenslinie, verläuft quer über die Mitte der Handfläche und zeigt den Grad an mentaler Konzentration und Klarheit an.

Kreuze: Sie deuten auf gegensätzliche Antriebe im Leben und die Notwendigkeit hin, eine Entscheidung zu treffen.

Lebenslinie: Diese Linie um den Daumenballen herum symbolisiert das Sicherheitsbedürfnis der Person sowie die Beständigkeit und Stabilität ihres Charakters.

Lehrerquadrat: Ein schwaches Quadrat auf dem Berg des Jupiter, das auf gute Leitungs-, Organisations- und Lehrfähigkeiten schließen lässt.

Leidenschaftslinie: Schräge Linie, die die Herzlinie mit der Basis des Merkurbergs verbindet und auf ein Bedürfnis nach Leidenschaft und Erotik im Sexleben hinweist.

Linien der Anstrengung: Feine Linien, die von der Lebenslinie aus nach oben verlaufen; sie stehen für Ehrgeiz und den Wunsch, es im Leben weit zu bringen.

Lufthand: Große, quadratische Handfläche mit langen Fingern, die auf eine hochmütige, ideenorientierte Persönlichkeit mit hohen Idealen hinweist.

Marslinie: Diese kurze Linie über dem Daumen und innerhalb der Lebenslinie ist ein Zeichen für die wettbewerbsorientierte und sportliche Ader der Person.

Merkurfinger: Der kleine Finger steht für die Qualität der Körpersprache und der sozialen und sexuellen Kommunikation.

Passive Hand: Die nicht-dominante Hand, die für das Innere, die Kindheit und unterschwellige Aspekte der Persönlichkeit steht.

Phalangen: Fingerglieder; jeder Finger ist in obere, mittlere und untere Phalangen unterteilt.

Radiale Schleife: Sie weist dasselbe Muster wie die ulnare Schleife auf, zeigt jedoch in die entgegengesetzte Richtung, also nicht zum Daumen hin, sondern von ihm weg. Sie steht für eine sehr empfängliche Person, die gefallen will, schnell beleidigt ist und Gefahr läuft, ihr Gefühl für sich selbst in den Bedürfnissen anderer zu verlieren.

Radiale Seite: Zur Speiche (Radius) hin; wenn man die Handfläche in zwei Hälften teilt, ist die radiale Seite die Seite mit dem Daumen.

Raue Haut: Harte, grobe Haut und ein Handabdruck, auf dem nur wenige tiefe Linien zu sehen sind; deutet auf einen abgehärteten, robusten Outdoor-Typen hin.

Reiselinien: Abzweigungen am unteren Ende der Lebenslinie, die auf Abenteuer- und Reiselust hindeuten.

Salomonring: Diese schwache Linie umschließt die Basis des Jupiterfingers und symbolisiert die Fähigkeit, in andere hineinzusehen.

Saturnfinger: Der Mittelfinger, der für Normalität, Regeln, Arbeit, Konventionen, Institutionen und Familie steht.

Schicksalslinie: Sie verläuft senkrecht durch die Mitte der Handfläche und steht für den Charakter, die Lebensausrichtung und die Selbstwahrnehmung einer Person.

Trockene Haut: Rissige, trockene Haut, Handabdruck mit dicht gemaserten, feinen Hautleisten mit langen, verästelten Linien. Die Person reagiert leicht auf visuelle und verbale Reize.

Ulnare Schleife: Das am weitesten verbreitete Fingerabdruckmuster. Eine Wellenform, die zum Daumen hindeutet und für eine Mit-dem-Strom-schwimmen-Mentalität steht.

Ulnare Seite: Zur Elle (Ulna) hin; wenn man die Handfläche in zwei Hälften teilt, ist die ulnare Seite die Seite mit dem kleinen Finger.

Venusgürtel: Die feinen horizontalen Linien über der Herzlinie deuten auf das Bedürfnis nach höheren Erfahrungen und Alltagsflucht hin.

Via Lascivia: Eine gebogene Linie auf dem Berg des Mondes an der Handwurzel, die auf eine Besessenheit mit Gesundheit, Allergien und ein wahrscheinlich überempfindliches Immunsystem hinweist.

Vierfingerfurche: Eine ungewöhnliche Verbindung der Kopf- und Herzlinie, die für eine stabile, intensive, hoch konzentrierte und emotional unterdrückte Persönlichkeit steht.

Wasserhand: Eine schmale, rechteckige Handfläche mit langen Fingern, die für eine anpassungsfähige und menschenorientierte Person steht.

Weiche Haut: Der Handabdruck dieses Hauttyps zeigt kaum sichtbare Hautleisten und viele feine Linien. Dies bedeutet, dass die Person extrem empfindlich ist und ein ausgeprägtes Gespür für Stimmungen, Geschmäcker und Energien hat.

Wirbel: Fingerabdruck, der aus einer Reihe immer kleiner werdender Kreise oder einer Spiralform besteht und ein Indikator für Unabhängigkeit, Originalität, Liebe zum Alleinsein und die Fähigkeit, allein zu arbeiten, ist.

Zusammengesetzte Schleife: Fingerabdruck, der von zwei Schlaufen gebildet wird, die in entgegengesetzte Richtungen zeigen, und auf die Fähigkeit verweist, immer beide Seiten der Medaille zu sehen, sowie auf wiederkehrende Zweifel, Unsicherheit und die Unfähigkeit, die Dinge in Schwarz-Weiß zu sehen.

WEITERE LEKTÜRE

Beaven, Don & Brooks, Stafford Eric, *Colour Atlas of The Nail in Clinical Diagnosis*, Mosby, 1984.

Benham, W., *The Laws of Scientific Hand Reading*, 1900,

neu aufgelegt als *The Benham Book of Palmistry*, Newcastle, 1988.

Brandon-Jones, D., *Your Palm: Barometer of Health*, Rider, 1985.

Clifford, F., *Palmistry 4 Today*, Flare Books, 2010.

Clifford, F., *Dermatoglyphics in Medical Disorders*, Springer, 1976.

Fincham, J., *The Spellbinding Power of Palmistry*, Green Magic, 2009.

Fitzherbert, A., *Hand Psychology*, Avery Publishing Group, 1989.

Fitzherbert, A. & Altman, N., *Palmistry: Your Career in Your*

Hands, Aquarian, 1989.

Gettings, F., *The Book of the Hand*, Hamlyn, 1965.

Gettings, F., *The Book of Palmistry*, Tribune Books, 1974,

neu aufgelegt als *Palmistry*, Chancellor Press, 1993.

Hutchinson, B., *Your Life in Your Hands*, Sphere, 1967.

Jaquin, N., *The Hand Speaks*, London, 1942.

Manning, J. T., *The Finger Book*, Faber and Faber, 2009.

Scheimann, E. & Altman, N., *Medical Palmistry*, Aquarian, 1989.

Wolff, C., *The Hand in Psychological Diagnosis*, Methuen, 1951.

Websites: www.johnnyfincham.com und www.handanalysis.co.uk

DANK

Mit einem herzlichen Dank an meine vielen Schülerinnen und Klientinnen, die mich im Lauf der Jahre so viel gelehrt haben. Danke auch an Jo Richardson und Jai-Jai für ihr rundum bezauberndes Wesen.

REGISTER

Marslinie 84, 98, 125